궁금해요
모모쌤의
독서테라피?

궁금해요
모모쌤의
독서테라피?

여는 글

"하루에도 수십 명씩 아이들이 찾아오는데, 어떻게 대처해야 할지 모르겠어요."
"왕따 당하는 친구에게 사회성기술을 알려주려면 어떤 책이 좋을까요?"
"상담교사 역할이 많아서 상담 업무에 집중하기가 어려워요."
"다문화가정 학생들에게 어떤 프로그램을 하면 좋을까요?"
"상담실에 와도 고개를 숙이고 말을 안 하는 애들 마음의 문을 어떻게 열까요?"

학교상담을 담당하는 분들은 저마다 어려움을 얘기합니다. 또래 사이에서 따돌림을 당하거나, 우울증으로 무기력한 학생들을 함께 모아놓고 위대한 인물이야기를 하거나 진취적인 꿈을 가져보자고 할 순 없으니까요. 우리 학생들에게 지식을 가르치는 사람은 많습니다. 그런데 그들이 무엇 때문에 아파하고 힘들어하는지 진심으로 귀를 기울여 주는 사람은 부족합니다. 아이들이 겉으로 드러내 보이는 문제보다는, 좌절과 외상경험에 대해 공감하는 대화가 더 중요하거든요.

저는 십여 년 동안 아동, 청소년, 성인들을 대상으로 하는 독서치료 수업과 집단상담 프로그램을 실시하면서 수업 교안을 짜왔어요. 개인 사례, 그룹의 특성, 증상별로 프로그램의 내용이 달라지는데, 그때마다 매체 선정은 어떻게 하고 어떤 척도를 중심으로 발문을 짜야 하는지 고민하게 되지요. 연령에 따라 발문의 난이도를 조정하고, 즐겁게 참여할 수 있는 독후활동까지 준비하다보면 머리에서 쥐가 날 정도였어요. 논문과 인터넷 서점, 블로그, 외국 자료를 찾을 때마다 현장에서 쉽게 적용할 수 있는 활용서가 있으면 얼마나 좋을까 생각했답니다. 특히 소수의 교사나 상담심리사가 많은 학생들을 담당해야 하는 학교상담에 실질적인 도움을 줄 수 있는 방법을 고민하게 되었어요.

미하엘 엔데의 소설『모모』에는 시간을 훔치는 도둑 회색신사들과 그들이 훔쳐간 시간을 찾아주는 한 소녀에 대한 이야기가 나옵니다. 원형극장에 찾아온 모모가 부모가 없다는 걸 알고 마을 사람들은 머물 장소와 음식을 가져다줘요. 하지만 실제로 도움을 받은 것은 그들이었어요. 모모는 따뜻한 관심을 가지고 온 마음을 다하여 그들의 이야기를 들어줍니다. 사람들은 이야기를 하면서 어느새 자신의 문제를 깨닫고 기분 좋게 돌아갑니다. 모모는 하늘의 별, 사람, 동물, 바람 등 이 세상 모든 것에 귀를 기울입니다. 온 마음으로 경청하는 모모 앞에서 사람들은 자신이 얼마나 소중한 존재인지 깨닫는 거죠. 이 아이의 진정성 있는 경청의 태도야말로 상담의 출발점인 것 같아 제 닉네임을 '모모'라고 지었답니다.

상담에서 가장 중요한 도구는 상담자 자신입니다. 인간중심 상담이론을 만든 칼 로저스Rosers, C. R는 상담자의 기본 태도를 진실성Genuineness, 무조건적인 긍정적 존중Unconditional Positive Regard, 공감적 이해Empathic Understanding라고 했어요. 가르치는 입장에 있는 모든 선생님들의 마음가짐과 태도가 어떤 이론이나 기법보다 중요하다는 말이지요. 상대를 진정성 있게 대하면 상담관계기술이 달라지고, 서로 협력하는 관계인 작업동맹working alliance이 형성된답니다. 우리 학생들은 다양한 기질을 가지고 태어나 환경과 상호작용하면서 자라납니다. 나팔꽃 같은 학생들을 장미로 바꾸려 하지 않고, 어떤 나팔꽃으로 자라나게 도와주는지가 중요하지요. 그러기 위해서는 교사나 상담심리사들은 지속적인 배움의 자리에 있어야 하겠지요.

질풍노도의 청소년기 학생들을 상담하기란 참 어려워요. 상담교사들은 한창 성장통을 앓는 아이들을 돌보느라 어떤 직업군보다 높은 직무 스트레스와 감정 소진을 경험하고 있어요. 이들의 변화무쌍한 관심사에 코드를 맞춰 활동 중심으로 접근해야 그나마 관심을 보입니다. 상담자들은 학생들이 자신의 문제를 인식하고 통찰하여 문제해결의 길로 나아갈 수 있도록 안내하고 싶을 거예요. 이때 상담자가 해야 할 일은 어려움을 겪는 학생들의 문제를 명확하게 사례개념화하고 상담목표에 맞는 개입전략을 사용하는 것이지요. 그 전략의 하나로 시, 노래, 그림책, 그림 등을 활용하는 독서치료를 적용한다면 상담의 효과를 극대화시킬 수 있습니다.

독서치료는 내담자로 하여금 투사·동일시 등이 강력하게 일어나 통찰을 가능하게 하고, 자신의 문제를 보다 안전하게 드러낼 수 있다는 장점이 있어요. 그리고 상담시간 외에도 통찰이 지속되고, 교육적인 효과까지 얻을 수 있지요. 적절한 매체와 발문을 활용하면 학업발달 영역, 진로발달 영역, 인성 및 사회적 발달 영역, 조정활동, 생활지도, 발달촉진상담, 교정상담 등에도 효과적으로 적용할 수 있어요. 이 책은 학교상담과 관련된 300여 편의 논문을 읽고 기획한 독서치료 활용서입니다. 청소년들의 정서 및 행동 영역, 자아존중감과 또래애착 영역, 다문화수용성 향상 영역, 부모-자녀 관계 영역 등 크게 4가지로 나누어져 있어요. 독서치료 매체는 치료효과가 크면서 학생들이 부담 없이 프로그램에 참여할 수 있도록 그림책을 중심으로 선정했어요. 책을 읽고 함께 생각을 나눌 수 있는 워크시트와 미술치료, 노작활동 등 활동 위주로 기획하여 아동·청소년 누구나 즐겁게 참여할 수 있어요.

이 책을 준비하면서 많은 분들의 도움을 받았어요. 오랜 시간 저를 믿고 자녀들을 보내준 부모님들과 열심히 독서치료에 참여해준 학생들이 먼저 떠오릅니다. 이들과 함께 웃고 울면서 만들어진 정성어린 글과 작품 덕분에 이 책이 만들어질 수 있었어요. 이들의 비밀보장을 위해 매체와 함께 소개된 사례는 모두 가명을 사용했어요. 그리고 사랑하는 가족의 배려에 감사드립니다. 집안일을 기꺼이 분담하고 큰 나무의 쉼터가 되어준 남편과 다정하게 응원해준 지예, 그림책의 주인공을 정성껏 그려준 지현이에게 사랑의 마음을 전합니다. 그동안 현장에서 쌓은 노하우를 잘 갈무리해 꼭 필요한 실용서로 나오기까지 용기를 북돋워준 동생 혜경이와 멀리서 늘 사랑으로 지켜봐주시는 부모님께도 감사드립니다. 자신의 일처럼 성심을 다해 도와준 교정 전문가 윤치영 선생님과 상큼하고 깔끔하게 편집과 디자인을 맡아준 얼앤똘비악의 김문교, 봉찬우 팀장께도 감사의 말씀을 전합니다.

한국정신치료학회를 세운 이동식 선생님은 '언 땅에 봄을 가져다주는 것'이 치료자의 역할이라고 했어요. 우리 학생들에게는 자신의 편이 되어주고 지지해주는 햇빛 같은 상담자와 교사가 필요합니다. 이 책이 여러분의 따스한 관심으로 아이들의 언 마음을 녹이는 일에 작은 햇살이 되길 바랍니다.

2019년 1월

상담심리사/독서치료사
여러분의 모모쌤 엄혜선

추천의 글

독서치료서『궁금해요, 모모쌤의 독서테라피』는 치열한 학업경쟁과 대학입시 중심의 교육환경에서 지치고 상처받은 많은 청소년들과 교사, 학부모들에게 자신을 존중하고 사랑하는 법, 친밀한 관계 형성을 통해 성장하는 법, 그리고 행복감을 가꾸고 누리는 구체적인 방법들을 친절하고 알기 쉽게 안내하는 작업서 workbook 이다.

이 작업서는 저자가 17여 년의 독서치료경험과 상담심리학적 전문지식을 자신만의 방식으로 통합·정리한 결과물로, 그림책을 중심으로 다양한 매체들을 활용해 일상에서 쉽게 활용할 수 있도록 구성되어 있다. 광화문 교보문고 입구의 '사람은 책을 만들고, 책은 사람을 만든다'라는 문구처럼 독서의 무한한 힘과 잠재력에 상담과 심리치료의 기본원리인 공감적 이해, 진솔함, 무조건적 존중이라는 숨결을 불어넣었다. 그리고 자신의 참 모습을 발견하고 수용, 존중, 사랑함은 물론 정서적 유대와 신뢰에 기초한 부모·자녀관계와 또래관계를 형성하는 구체적인 방안들을 활동중심으로 친절하게 안내하고 있다.

이 책의 가장 두드러진 강점은 다음의 두 가지로 축약할 수 있다.

첫째는 옹골찬 내용과 구성이다. 먼저 현대심리학에서 가장 주목받는 주제인 사랑과 애착에 초점을 둔 부모·자녀관계와 또래관계를 증진시키는 활동들을 다루고 있다. 이어 자신의 참 모습을 찾아 나서고 자신의 모습을 있는 그대로 이해하고 존중하도록 돕는 섬세한 활동들을 안내하고 있다. 또한 자신의 생각과 감정을 조절하고, 친밀한 관계에서 깊은 행복감을 나누고 누리게 하는 구체적인 방안들을 그림책을 중심으로 친절하게 소개하고 있다.

두 번째 강점은 학교와 가정에서 손쉽게 활용할 수 있게 만든 실용성이다. 먼저 각 장은 그 목적을 잘 반영하는 그림책에 대한 소개를 시작으로, 어떤 활동 매체들을 어떻게 사용할 것인지, 프로그램을 진행한다면 어떤 준비물들이 필요한지, 그리고 활동을 위한 워크시트까지 친절히 안내되어 있다. 따라서 학교장면에서는 전문 상담교사나 담임선생님이 그리고 가정에서는 부모님이 아동과 자녀의 자존감과 자아정체감의 증진, 또래관계, 교사학생관계, 부모자녀관계의 향상, 그리고 정서와 행동의 자기조절력을 강화하기 위한 방안으로 손쉽게 응용·활용할 수 있다는 점이다.

이러한 강점들과 함께 이 책이 지닌 고유한 특성은 이 책을 활용하는 상담교사, 담임교사, 학부모의 자기 이해와 성장을 위한 활동들도 포함되어 있다는 것이다. 아동과 자녀의 심리사회적 성장과 성숙은 교사나 부모가 지닌 지식만으로는 충분하지 않다. 교사와 학부모가 경험한 개인적인 상처와 아픔들이 아동과 자녀와의 상호작용에서 자신도 모르게 활성화되어 부정적인 영향을 미치는 점을 간과할 수 없다. 따라서 이 책은 교사와 학부모가 자신의 가슴에 묻혀있던 아픔과 상처를 살펴보고, 자각하고, 수용하고, 애도하고, 보살피며 새롭게 조망하는 활동들도 포함하고 있다.

『궁금해요, 모모쌤의 독서테라피』는 아동과 자녀의 정서적, 사회적 성숙은 교사와 부모의 자기 이해와 성찰의 정도와 비례한다는 관점에 기초한다. 치열한 학업경쟁이라는 사회문화적 풍토속에서 '정서적 안정감과 사회적 성숙도'야말로 행복한 삶의 초석이 된다는 관점에서 기획된 이 책이 학교와 가정에서 소중한 역할을 하기를 기대한다.

서강대학교 교육대학원 교수
한국 인간중심 및 체험상담학회 학회장
상담심리전문가 및 가족치료전문가

한기백 박사

차례

여는 글 · 4
추천의 글 · 8

프롤로그 - 독서치료를 소개합니다 · 14

독서치료란 무엇인가요?
독서치료 과정을 알아볼까요?
독서치료 자료는 어떻게 정하나요?
독서치료사는 어떤 역할을 할까요?
독서치료 매체는 다양해요
독서치료의 효과는 놀라워요
그림책의 치유적 효과를 알고 계신가요?

제1장 청소년의 정서조절 · 24

당신의 청소년기는 어땠나요?
학생 정서행동 특성검사는 왜 할까요?
정서인식 명확성이 중요합니다

📖 청소년의 정서조절 프로그램

- 1-1. 내 마음 나도 몰랐어요 · 28
- 1-2. 나도 가끔 힘들 때가 있어요 · 31
- 1-3. 이모티콘아, 내 마음을 전해줘! · 35
- 1-4. 내 감정에 이름 붙이기 · 38
- 1-5. 나는 언제 행복한가요? · 41
- 1-6. 다르게 생각해봐요 · 45
- 1-7. 잘 거절하고 있나요? · 48
- 1-8. 나는 특별해요 · 52
- 1-9. 인기 짱이 되는 비결 · 55
- 1-10. 나의 바람(Want) · 59

📋 WORK SHEET - 66

제2장 자아존중감과 또래관계 향상 · 100

자아존중감 형성에 결정적인 시기를 아시나요?
자아존중감과 학교폭력은 어떤 관계일까요?
또래관계를 위한 프로그램이 필요합니다

📖 자아존중감과 또래관계 향상 프로그램

- 2-1. 소중한 나를 이해해요 · 103
- 2-2. 나의 욕구 이해하기 · 107
- 2-3. 내 친구는 어디 있을까 · 110
- 2-4. 가족 내에서의 나 · 113
- 2-5. 나도 할 말이 있다구! · 118
- 2-6. 배려하는 친구 · 121
- 2-7. 누구를 위하여 눈물을 흘리는가 · 124
- 2-8. 존중하는 친구 · 127
- 2-9. 내가 바라는 친구 · 131
- 2-10. 나는 이런 사람이구나! · 135

📋 WORK SHEET - 140

Bibliotherapy

제3장 다문화수용성 향상 · 170

복합적인 정체성으로 힘들어요
강점 중심으로의 관점 전환이 필요해요
또래관계와 언어발달에 도움이 필요해요

📖 다문화수용성 향상 프로그램

- 3-1. 내 이름엔 어떤 의미가 있을까 · 175
- 3-2. 소중한 나를 발견해요 · 178
- 3-3. 자아정체성을 탐색해요 · 181
- 3-4. 나를 사랑해요 · 184
- 3-5. 쉽게 판단하지 않아요 · 187
- 3-6. 우린 서로 개성이 달라요 · 190
- 3-7. 시선을 바꿔 보아요 · 194
- 3-8. 틀린 게 아니라 다른 거예요 · 197
- 3-9. 달라서 더 친할 수 있어요 · 201
- 3-10. 용기를 내봐요 · 204

📋 WORK SHEET – 210

제4장 부모-자녀 관계 회복 · 244

청소년들은 성장통을 앓고 있어요
학교생활 적응에는 부모요인이 중요합니다
자녀들과 어떤 상호작용을 하고 있나요?

📖 부모-자녀 관계 회복 프로그램

- 4-1. 완벽한 엄마는 없어요 · 248
- 4-2. 엄마, 사랑해요 · 253
- 4-3. 나는 자라는 중이에요 · 256
- 4-4. 의사소통 유형을 돌아봐요 · 260
- 4-5. 양육태도를 돌아봐요 · 263
- 4-6. 나의 욕구를 확인해요 · 267
- 4-7. 가족의 형태는 다양해요 · 270
- 4-8. 엄마를 돕고 싶어요 · 274
- 4-9. 엄마에게도 꿈이 있어요 · 277
- 4-10. 사랑의 마음을 확인해요 · 281

📋 WORK SHEET – 288

Prologue

독서치료를
소개합니다

Bibliotherapy

Active Bibliotherapy
Program for School Counseling

독서치료란 무엇인가요?

학교상담의 목표는 두 가지로 나눌 수 있어요. 문제행동을 가진 청소년들을 상담하고 치료하는 반응적 상담활동과 청소년들의 성장발달에 조력하는 예방적 상담활동이 바로 그것입니다. 학교 부적응, 학업 저하, 가출, 비행, 왕따 등 눈앞에 닥친 문제에 적극적인 도움을 주는 것도 중요하지만 부적응 행동이나 문제행동의 원인을 파악해서 미리 예방 프로그램을 운영하는 것이 더 효율적이라 할 수 있습니다. 청소년기는 몸과 마음이 자라느라 힘든 시기인데 거기에 과도한 입시 경쟁구조에서 학업 부담이 더해져 자신이 좋아하는 것이 무엇인지, 어떤 사람이 되고 싶은지, 친구에게 어떻게 다가서면 좋은지를 탐색할 여유조차 없습니다. 이런 청소년들에게 독서치료는 아주 유용한 상담치료 기법이 될 수 있어요. 다양한 매체를 활용해서 학생들과 치료자와의 상호작용을 도와주고, 무엇보다 상담에 대한 부담이나 거부감을 줄여줄 수 있기 때문이죠.

독서치료bibliotherapy는 책을 매개로 개인의 변화에 초점을 맞추고 심리적 문제를 해결하거나 예방하기 위해 관여하는 활동을 말합니다. '독서'라는 단어가 포함되어 있어서 간혹 책만 독서치료의 자료로 생각하는 경우가 많은데 독서치료에서는 문학작품 외에도 그림책, 시, 영화의 한 장면, 사진 한 컷, 그림, 노래, 만화 등 다양한 매체를 활용하고 있어요.

독서치료 과정을 알아볼까요?

독서치료는 책 속에 나오는 인물이나 배경에 대한 동일시와 동일시를 통한 카타르시스, 자신의 문제에 대한 통찰과 이해, 문제해결 방법의 적용, 평가 과정을 거칩니다.

··· 인식 recognition ▶ 고찰 examination ▶ 병치 juxtaposition ▶ 자기 적용 application to self ···

인식(recognition)

인식은 독서치료 참여자가 독서 자료에 담겨있는 의미를 깨달아서 문학작품에 반응하는 것을 말해요. 본문text에 대한 반응을 하면서 이전에 경험하지 못했던 자신의 역기능적 반응, 반복되는 행동적 패턴 등 자신의 느낌을 알게 되는 것을 말하지요. 이런 인식 과정을 통해 참여자는 감정적 정화catharsis를 경험하고, 작품에 나오는 특정 인물의 삶과 감정, 생각, 행동 등을 통해 동일시를 경험하게 됩니다. 감정정화와 동일시는 독서치료에 있어서 매우 중요한 핵심 경험이라고 할 수 있어요. 작품 속에는 다양한 상황과 다양한 반응, 건강한 문제 해결의 모형이 있기 때문에 상상의 세계이지만 사실처럼 느껴집니다. 다른 사람의 문제 상황을 보면서 자신의 문제를 깨닫기도 하고, 다른 사람과 자신이 같은 문제를 가졌다는 사실을 알고 위로를 받거나 스스로 문제를 해결할 수 있는 힘을 갖게 되지요.

고찰(examination)

고찰은 자신이 인식한 감정반응이 어떤 의미가 있는지 탐색하는 과정이에요. 독서치료는 작품을 읽은 후 그것을 거울삼아 자신의 내면을 점검examination하도록 안내하죠. 텍스트의 내용이 자신의 내면세계와 어떤 관련이 있고, 현재 자신의 어떤 상황과 관련이 있는지 그냥 깨달을 수 있는 게 아니에요. 독서치료사가 적절하게 개입해서 고찰을 촉진시킬 수 있도록 도와줍니다. 이럴 때 사용하는 기법을 독서치료에서는 '발문'이라고 표기해요. 적절한 발문을 통해 참여자가 한 번도 경험해보지 못한 길로 안내하기 때문에 발문은 문gate과 같은 역할을 하지요. '누가, 언제, 어디서, 무엇을 어떻게, 왜' 라는 발문을 사용해서 자신의 상황을 탐색할 수 있도록 합니다.

병치(juxtaposition)

참여자가 작품을 고찰하고 깊이 있게 알게 되면, 그 주제에 대해 새로운 인상impression이 생기게 됩니다. 새롭게 알게 된 느낌이나 작용은 처음에 가졌던 반응에 수정과 변화를 가져오게 하지요. 처음에 참여자가 가졌던 대상이나 경험을 나란히 놓고 비교하면서 대조해 보게 하는데 그것을 '병치'라고 합니다.

자기 적용(application to self)

독서치료는 자기 적용의 과정을 통해 완성됩니다. 자기 적용은 해당 작품을 통해 인식, 고찰, 병치의 3단계를 거쳐서 마지막 단계에 명확해집니다. 이전의 경험들을 자신의 독특한 여과과정을 거쳐서 재명명renaming하는 것이지요. 이것은 치료자와 상호작용하면서 더 확장되고, 명확해집니다. 결국 인식과 고찰은 병치를 이끄는 과정이고, 자기 적용의 통합 과정을 거쳐야 비로소 독서치료의 과정이 완성되는 거예요.

독서치료 자료는 어떻게 정하나요?

독서치료 매체의 주제를 선정할 때는 보편적이고 영향력 있으며 긍정적인 주제를 정하는 것이 좋습니다. 참여자가 주제에 대해 쉽게 인식할 수 있고, 동일시할만한 정서와 경험이 포함되어 있어야 하지요. 참여자의 개별적인 경험에 따라 매체를 받아들이는 느낌이 다르기 때문에, 개인이 의미 있게 받아들일 수 있는 주제를 선정해야 합니다. 참여자가 억압하고 회피하는 부정적인 감정을 떠올리게 하는 다양한 자료들시. 영화, 일기, 녹음테이프, 슬라이드 등을 사용할 수 있어요. 또한 구체적이고 강렬한 이미지를 담고 있고, 적절한 길이의 문장, 이해하기 쉬운 어휘, 리듬이 있는 문체가 포함된 책이 좋습니다.

독서치료사는 어떤 역할을 할까요?

독서치료사는 개인의 억눌린 감정을 매체text를 매개로 표현할 수 있도록 안전한 환경을 제공하는 역할을 해요. 참여자의 마음을 책이라는 거울 속에 비춰주는 안내자 역할, 참여자가 자신의 삶을 새롭게 설정하게 돕는 조력자이기도 하죠. 그러니까 독서치료사는 참여자의 특성을 이해하고, 문제에 적합한 자료를 골라서, 이것을 매개로 관계를 형성하고, 참여자 자신의 감정을 마음껏 표현할 수 있도록 도와야 합니다. 언어적 상담과 마찬가지로, 독서치료사 자신의 자질과 역량을 향상시키는 것이 매우 중요한 이유지요. 독서치료가 상담을 이론적 기반으로 하고 있기 때문에 심리적 현상을 이해하고 내담자의 사회적·정서적 발달에 대해 잘 알고 있어야 해요. 그리고 무엇보다 정신건강을 돌볼 수 있는 전문적인 훈련을 받은 사람이어야 합니다.

독서치료 매체는 다양해요

독서치료에 사용되는 매체는 그림책, 시, 소설 등 인쇄된 글 외에 사진, 영화, 비디오와 같은 시청각 자료와 글쓰기 작품들이 모두 포함됩니다. 이러한 매체들은 사람들이 직면하고 있는 현실의 문제들을 담아내고, 그것에 의미를 부여하고 미적으로 변형해서 독자의 정신과 마음에 영향을 줍니다. 독서치료는 참여자들이 이러한 과정을 좀 더 효율적으로 경험할 수 있도록 이야기하기, 글쓰기, 그림 그리기, 만들기, 역할극 등 여러 가지 독후활동을 함께 합니다.

독서치료의 효과는 놀라워요

예방·교육적 역할을 제공해요
- 독서치료 매체는 중립적인 상태를 유지하고 객관적인 판단을 내리는 데 도움을 줍니다.
- 올바른 가치관을 형성하는 데 효과적입니다.
- 심리적 안정감과 문제행동 예방에 도움을 주어 행복한 삶을 살아갈 수 있도록 도와줍니다.

상담관계의 질을 높여줍니다
- 상담동기가 부족하거나 언어표현의 한계가 있는 학생들, 문화가 다른 학생들에게 흥미를 유발시키고 상담에 대한 신뢰감을 줍니다.
- 글이나 자료는 인지체계에 따라 과정과 결과가 이루어지기 때문에 상담회기 사이에 상담 효과를 연장해줍니다.
- 독서 자료를 집단에서 활용할 경우 초기 응집성과 집단에 대한 신뢰감이 향상됩니다.

동일시, 카타르시스, 통찰을 경험합니다
- 매체의 내용을 통해 자각하지 못했던 자신의 감정을 통찰하고 언어로 표현합니다.

- 책 속의 주인공들의 문제해결 방식을 간접체험하면서 스스로 해결해보려고 시도하게 됩니다.
- 학생들이 자신의 문제를 자유롭게 표현할 수 있는 기회가 제공되어 자신감을 키워줍니다.

저항을 줄여줍니다
- 말수가 적은 학생들도 상담 장면에 적극적으로 참여할 수 있습니다.
- 내담자가 호소한 문제와 관련된 책을 사용하면 직면에 대한 저항이 덜 일어나고, 통찰을 통해 문제해결 방법을 찾을 수 있습니다.
- 정서적인 어려움을 겪고 있는 다문화가정의 아동들에게 문학작품이 매개가 되어 그들의 감정을 안전하게 표출하도록 도울 수 있습니다.

보편성으로 위로를 받습니다
- 자신과 비슷한 환경의 사람들과 함께 마음을 나누면서 위로를 받게 됩니다.
- 자신과 비슷한 문제를 해결하는 타인을 모델링하면서 문제해결의 힘을 갖게 됩니다.

문제해결 능력을 키워줍니다
- 자기이해를 통해 주변의 환경에 관심을 갖게 되어 인간 행동에 대한 이해를 증진시킵니다.
- 문제를 해결하는 데 있어 해결책이 하나 이상이 존재한다는 것을 보여줍니다.
- 다양한 대체 방안을 모색하고, 해결 방안을 선택할 수 있는 능력이 향상됩니다.

대인관계 기술이 향상됩니다
- 프로그램에 참여하며 자기이해와 타인이해, 자기수용과 타인수용이 가능해집니다.
- 책을 통해 신뢰감이 형성되면 대인관계의 어려움을 회복하는 데 도움이 됩니다.
- 독서치료 프로그램 참여 후에도 지속적으로 타인수용을 위한 노력을 하게 됩니다.

그림책의 치유적 효과를 알고 계신가요?

그림책Picture book은 글로 표현되는 문자언어text와 그림으로 표현되는 이미지언어illustration가 상호 보완적으로 어우러져 의미를 전달하는 예술장르입니다. 글과 그림으로 이야기를 전달하기 때문에 누구나 쉽게 접근할 수 있지요. 그림책은 주제를 역동적으로 전달하기 때문에 다양한 생각과 감정을 느끼도록 도와줍니다. 독자들은 그림책 속의 글과 이미지를 통합하여 자신의 마음속 이야기로 재구성하게 되는데, 이 과정에서 자연스럽게 자신의 부모, 형제, 친구에 대한 경험을 떠올리고, 자기 자신과 주변 환경을 탐색하게 됩니다. 그림책에는 여러 나라의 다양한 인물들이 등장하지요. 이들을 통해 다른 사람의 정서를 내면화하고, 자기중심성에서 벗어나 그들의 감정을 존중하고 이해할 수 있게 됩니다. 특히, 그림책을 활용한 독서치료 집단상담 프로그램은 집단 참여자들이 매체 및 집단원과 상호작용을 하면서 자신과 타인을 이해하고 성장하도록 돕습니다. 그림책은 아동에서 청소년, 성인에 이르기까지 넓은 연령대의 사람들이 쉽게 읽을 수 있고, 독서치료 집단상담이 끝난 후에도 독서매체를 통하여 스스로 통찰이 가능하기 때문에 교육적인 효과도 매우 큽니다. 무엇보다 상담 현장에서 짧은 시간에 쉽게 공유할 수 있는 장점을 지니고 있습니다.

참고문헌

김경선, 성승연 (2012). 독서치료를 경험한 중년여성의 삶의 인식변화에 대한 현상학적 연구. 한국심리학회지: 여성, 17(3), 475-516.

김길자 (2008). 독서치료를 통한 여대생의 부정적 정서 회복과정에 대한 근거이론적 연구. 한국문헌정보학회지, 42(3), 103-131.

김수경 (2006). 주부의 마음상함과 독서치료 프로그램 적용에 관한 연구. 부산대학교 대학원 박사학위논문.

박명희, 이명우 (2014). 집단독서치료 참여자들의 변화유형 분석. 예술심리치료연구, 10(3), 131-154.

박명희 (2014). 근거이론을 적용한 집단독서치료 참여자들의 변화경험과 과정에 관한 연구. 한국도서관·정보학회지, 45(3), 463-488.

신경숙, & 구자경. (2011). 청소년기 부모자녀 갈등관리를 위한 독서치료적 접근의 부모교육프로그램 참여 경험 분석. 독서치료연구, 4, 1-23.

신혜은. (2012). 독서치료, 틀 안에서 그리고 틀을 넘어서. 한국독서치료학회 학술대회지, 10, 159-162.

엄혜선, & 한기백. (2016). 초등학생 부모의 자기성장과 양육효능감 증진을 위한 독서치료 집단상담 프로그램의 개발 및 효과분석. 한국심리유형학회지, 17(2), 55-85.

엄혜숙. (2002). 문학 생활화의 방법 4/기획 특집-성인을 위한 문학 생활화의 방법: 어른의 문학 생활화와 어린의 문학-어린이 그림책을 중심으로. 문학교육학, 10, 45-60.

연문희. (2016). 한국카운슬러협회와 학교상담전문가의 나아갈 길. 학교상담전문가 자격연수, 4, 1-21.

임성관 (2013). 독서치료 효과에 관한 실행연구 : 부모와 자녀의 상호작용 증진을 중심으로. 경기대학교 대학원 박사학위논문.

최경화 (2008). 독서치료 프로그램이 장애아 어머니의 양육스트레스 및 자아존중감에 미치는 효과. 영남대학교 대학원 석사학위논문.

최미례. (2010). 독서치료의 현황과 상담에의 적용. 한국심리치료학회지, 2, 81-98.

Corey, G. (2000). Theory and practice of group counseling, 5th. Belmont, CA: Wadsworth/Thomson Learning.

Doll, B., & Doll, C. (1997). Bibliotherapy with young people: Librarians and mental health professionals working together. Englewood, Colorado: Libraries Unlimited, inc.

Gumaer, J., & Martin, D. (1990). Group ethics: A multimodal model for training knowledge and skill competencies. Journal for Specialists in Group Work, 15(2), 94-103.

Jack, S. J., & Ronan, K. R. (2008). Bibliotherapy: Practice and research. School Psychology International, 29(2), 161-182.

Lewis, D. (2012). Reading contemporary picturebooks: Picturing text. Routledge.

Pardeck, J. T., & Pardeck, J. A. (1993). Bibliotherapy: A clinical approach for helping children. Gordon and Breach Publishers.

Pehrsson, D. E., & McMillen, P. (2005). A bibliotherapy evaluation tool: Grounding counselors in the therapeutic use of literature. The Arts in Psychotherapy, 32(1), 47-59.

Hynes, A. M., & Hynes-Berry, M. (1994). Biblio/poetry therapy. St. Cloud, MN: North Star Press of St. Cloud.

제1장
청소년의 정서조절

Bibliotherapy

청소년의 정서조절

당신의 청소년기는 어땠나요?

청소년기는 어느 때보다 정서적으로 민감한 시기이지요. 몸과 마음이 자라고 새로운 경험들에 적응하면서 심한 스트레스와 불안을 경험합니다.[1] 어른들도 이미 경험했듯이 학력위주의 우리 문화에서는 청소년들에게 많은 사회적 역할을 기대하는 경향이 있어서 스트레스는 더욱 심해집니다. 어른들이 보기에는 사소한 일에도 화를 내거나 우울감을 느끼고, 이것을 처리하는 방식이 아직 미숙해서 여러 가지 정신 건강의 문제가 발생하지요.[2]

학생 정서행동 특성검사는 왜 할까요?

교육부에서는 2007년부터 [학생 정서행동 특성검사 도구 초등용 CPSQ-II/중고등용 AMPQ-III]를 개발해서 학교기반 정신건강사업을 진행하고 있어요. 학생의 성격특성과 긍정적 자원을 파악하고, 학생 정서·행동문제를 조기에 발견해서 학교생활 부적응 학생을 예방하기 위한 것이지요. 이 검사를 통해 청소년들은 자신의 성격에 대한 이해를 높이고 강점을 파악할 수 있답니다. 부모님들은 자녀와의 상호작용과 바람직한 부모역할에 대해 돌아보는 기회가 되고, 학교에서는 학생에 대한 이해를 바탕으로 지도할 때 참고 자료로 활용할 수 있어요.[3]

학생 정서·행동 특성검사에서 '관심군'으로 분류되었다고 심각하게 접근할 필요는 없어요. 이것은 정서·행동문제가 다소 높게 나타나는 경향성을 의미하는 거예요. 우리 청소년들이 평소에 어른들이 알아차리지 못하는 스트레스를 높게 경험했다고 생각하면 됩니다. 이런 어려움을 빨리 발견해서 적절한 방법으로 도와주면 더 건강하고 밝게 자랄 수 있겠지요. 정서·인지·행동의 어려움이 개선되면 학교 적응이 쉬워지고 학습의 효율도 향상됩니다.

정서인식 명확성이 중요합니다

지금까지의 청소년 정서발달과 관련된 연구에 따르면, 청소년들이 자신의 정서를 명확히 인식하고 표현할수록 정서조절이 가능해지고, 우울, 불안, 신체화 등의 정신건강 문제가 감소된다고 해요.[4] 자신과 타인의 정서를 정확하고 구체적으로 인식해서 설명하는 능력을 '정서인식 명확성'이라고 합니다. 이것이 청소년들의 자율성을 높여 학업 스트레스를 해소해주고, 심리적 안녕감을 갖게 합니다.[5] 정서를 명확하게 인식하면 자신이 경험하는 정서에 대한 갈등이 적고, 문제를 유발하는 정서에 대해 어떻게 대처해야 할지 더 정확하게 알 수 있어요. 정서를 명확하게 인식하고 '나-전달법'으로 표현하는 과정에서 심리

---

1) 김민아, & 권경인. (2008). 적응유연한 청소년의 정서인식 명확성과 인지적 정서조절 전략에 관한 연구.
2) 홍주현, & 심은정. (2013). 정서인식의 명확성과 청소년의 정신건강. 한국심리학회지: 일반, 32(1), 195-212.
3) 교육부. (2016). 학생정서·행동특성검사 및 관리 매뉴얼. 교육부 학생건강정책과.
4) 이지영, & 권석만. (2009). 정서장애와 정서조절방략의 관계. Korean Journal of Clinical Psychology, 28(1), 245-261.
5) 임전옥, & 장성숙. (2003). 정서인식의 명확성, 정서조절양식과 심리적 안녕의 관계. 한국심리학회지: 상담 및 심리치료, 15(2), 259-275.

적 행복감을 느끼고, 스트레스에 효과적으로 대처할 수 있게 됩니다.[6] 결론적으로, 다양한 상담적, 교육적 개입을 통해 청소년들이 경험하는 정서를 명확하게 이해하고 적절하게 표현하도록 돕는 것이 중요하겠지요.

[참고] 학생 정서행동 특성검사 도구 초등용 CPSQ-II와 중·고등용 AMPQ-III

초등학생		중·고등학생	
CPSQ-II(Child Personality and Mental Health Screening Problems Screening Questionnaire, Second Version)		AMPQ-III(Adolescent Personality and Mental Health Problems Screening Questionnaire, Third Version)	
유형	내용	유형	내용
개인 성격 특성	내적 : 성실성, 자존감, 개방성 외적 : 타인이해, 공동체의식, 사회적주도성	개인 성격 특성	내적 : 성실성, 자존감, 개방성 외적 : 타인이해, 공동체의식, 사회적주도성
위험 문항	학교폭력피해	위험 문항	학교폭력피해
외부 요인	부모자녀관계	외부 요인	자살관련: 자살사고, 자살계획
정서 행동 문제 요인	집중력부진 : 주의력결핍, 과잉행동장애(ADHD), 품행장애	정서 행동 문제 요인	심리적부담 : 자해, 자살, 학교폭력피해, 피해의식, 관계사고, 반항성향, 폭식
	불안/우울 : 불안장애, 우울증, 심리적 외상 반응, 신체화 성향, 강박성향		기분문제 : 우울증, 기분조절장애, 조울증 등의 기분장애, 신체화 성향, 강박성향
	학습/사회성부진 : 언어장애 및 사회적 의사소통장애, 학습장애, 지적장애, 자폐스펙트럼장애, 강박성향 등		불안문제 : 시험 및 사회적 상황 등에 대한 공포증, 강박성향, 심리적 외상 반응, 환청, 관계사고
	과민/반항성 : 우울증, 기분조절장애, 반항장애, 품행장애		자기통제부진 : 학습부진, 주의력결핍 과잉행동장애, 품행장애, 인터넷 또는 스마트폰 중독
기타	전반적 삶의 질, 상담경험, 지원 선호도	기타	전반적 삶의 질, 상담경험, 지원 선호도
	황준원 등(2016), 교육부		황준원 등(2016), 교육부

---

6) 최경석, & 신정택. (2012). **자기표현훈련과 나 전달 기법 프로그램이 대학 운동선수의 심리적 행복감과 스트레스 대처방식에 미치는 영향.** 한국웰니스학회지, 7(2), 179-188.

청소년의 정서조절 프로그램

No	주제	매체	내용
1	내 마음 나도 몰랐어요	어린이를 위한 블루데이북 / 다산기획	다양한 표정의 사진을 통해 자신의 정서를 인식하고 표현합니다.
2	나도 가끔 힘들 때가 있어요	눈물바다 / 사계절	부정적인 감정을 긍정적인 방법으로 해소하며 카타르시스를 느껴봅니다.
3	이모티콘아, 내 마음을 전해줘!	SNS 이모티콘	다양한 표정의 이모티콘을 사용하여 자신의 감정을 표현합니다.
4	내 감정에 이름 붙이기	정서조절 룰러RULER 프로그램	내 감정의 원인과 그에 따른 영향, 안에 숨겨진 욕구를 살펴보면서 정서조절 연습을 해 봅니다.
5	나는 언제 행복한가요?	느끼는 대로 / 문학동네어린이	언제 즐겁고 행복한지 그 느낌을 그림으로 표현해 봅니다.
6	다르게 생각해봐요	하지만 하지만 할머니 / 상상스쿨	주인공 할머니처럼 생각을 긍정적으로 바꾸면 주변이 어떻게 다르게 보이는지 생각해 봅니다.
7	잘 거절하고 있나요?	곰씨의 의자 / 문학동네	[하트하트 게임]으로 불합리한 상황에서 거절하는 연습을 해봅니다.
8	나는 특별해요	너는 특별하단다 / 고슴도치	손바닥 모양에 별표와 점표를 붙이고 떼어보면서, 자아존중감이 향상되는 경험을 안내합니다.
9	인기 짱이 되는 비결	가치관 경매	가치관 경매를 통해 '인기 있는 친구가 되는 비법'을 공유합니다.
10	나의 바람(Want)	미술치료	미술치료 기법을 통해 '떠나보내고 싶은 나와 붙잡고 싶은 나'를 표현하며 변화에 대한 소망을 나눕니다.

1-1 내 마음 나도 몰랐어요
『어린이를 위한 블루데이북』 브래들리 트레버 그리브 지음, 다산기획

오늘따라 5학년 지민이의 표정이 왠지 시무룩합니다. 무슨 일이 있었는지 물어봐도 고개를 숙이고 입을 꾹 다물고 있네요. 평소에 말수가 적고 내성적인 아이라서 먼저 표현할 때까지 기다려주기로 하고 사진이 담긴 책 한 권을 내밀었습니다. 지민이는 『어린이를 위한 블루데이북』의 동물 사진을 가만히 넘기더니, 침팬지의 표정이 자기 같다며 한숨을 푹 쉽니다. 중학생인 오빠가 자기더러 난쟁이라 놀려서 마인크래프트를 하며 기분을 풀고 있었는데, 엄마는 '그런 식으로 공부해서 대학은 가겠냐'며 뭐라 했답니다. 지민이는 책 속의 침팬지를 바라보며 한 마디 합니다.
"너도 사는 게 참 힘들구나."

1. 매체 소개
브래들리 트레버의 사진 에세이 『누구에게나 우울한 날은 있다 The Blue Day Book Series』를 아동·청소년용으로 편집한 '블루데이북 감정학교' 시리즈 개정판입니다. 동물들의 다양한 표정과 몸짓을 담은 사진을 보면 우리가 흔히 느끼는 감정이 올라옵니다. 작가는 사진들을 통해 우울하고 속상할 때는 새로운 일을 시도하거나, 춤을 추거나, 하던 일을 멈추고 생각해보라고 소개합니다. 그리고 자기 자신을 들여다보고 원래 자기 모습을 되찾는 것이 좋은 방법이라는 것을 알려줍니다.

2. 목표
- 책 속의 다양한 동물 사진을 보면서 자신의 정서를 인식한다.
- 감정카드를 사용해서 자신의 이야기를 쓰면서 정서를 표현한다.

3. 준비물
책, 색연필, 감정카드^{학지사}

4. 진행순서 [워크시트 66P]
- '걱정이다 걱정' 노래를 듣고, 모방시를 지으며 정서를 알아차리고 표현한다.
- 책을 읽고 요즘 내가 느끼는 감정과 비슷한 장면을 찾는다.
- 감정카드에서 적절한 감정 단어를 찾아본다.
- 사진과 감정단어를 연결하여 간단한 에피소드를 적는다.
- 각자 쓴 글을 또래와 함께 나누고 서로 공감대를 형성한다.

5. 수업 사례

1-2 나도 가끔 힘들 때가 있어요
『눈물바다』 서현 지음, 사계절

5학년 윤지의 눈이 퉁퉁 부어있기에 벌에 쏘였냐고 물었어요. 그랬더니 어제 저녁에 엄마랑 싸우고 울다 잠이 들었는데 아침에 눈이 안 떠졌다고 합니다. 으이그~ 녀석. 자기주장이 강해지고 엄마의 모든 말들이 잔소리로 들리는 요즘, 휴대폰 사용 시간문제로 혼이 났나 봅니다. 윤지는 친구들 중에 유일하게 폴더 폰을 사용합니다. 휴대폰의 작은 자판으로 간신히 피아노 건반을 누르고, '쿄딱지만 한 사진'을 찍는데, 엄마는 자기 맘도 몰라주고 시간 조절 못한다고 해서 싸웠답니다. 화가 나거나 속상할 때 한바탕 울고 나면 속이 시원해지는 것처럼, 비슷한 상황의 주인공을 보면서 대리만족하고 감정을 분출하면서 카타르시스를 느낍니다. 독서치료 수업이 끝나고 나가는 윤지의 웃는 눈에 쌍꺼풀이 살짝 보이는군요.

1. 매체 소개
우리는 학업, 가족, 대인관계, 개인문제 등에서 다양한 스트레스를 느낍니다. 그런데 감정을 숨기거나 모른 척하기보다는 알아차리고 표현해야 해소됩니다. 청소년들은 좋아하는 음악을 듣고, 게임을 하거나 실컷 울고 나면 개운해진다고 해요. 주인공은 자신의 마음을 몰라주는 선생님과 친구들, '두 마리 공룡' 때문에 울어 버립니다. 그 눈물로 바다를 만들어 자신을 힘들게 한 사람들을 모두 잠겨버리게 한 뒤 빨랫줄에 널어줍니다. 그리고는 기분 좋게 외칩니다.
"시원하다, 후아!"

2. 목표
- 스트레스 상황을 이해하고 부정적인 감정을 긍정적으로 해소하도록 한다.
- 신체이완 활동으로 화를 잘 다루는 법을 익힌다.[7]

3. 준비물
책, 색연필, 색지, 투명테이프, 지끈, 감정단어표

4. 진행순서 [워크시트 69p]
1) 스트레스 상황을 떠올리며 브레인스토밍을 한다.
2) 스트레스에 대한 신체적, 행동적, 정서적 반응을 살펴본다.
3) 스트레스를 그림으로 표현하고 빨랫줄에 널어 카타르시스를 경험한다.
4) 신체의 이완활동 후에 소감을 나눈다.

---

[7] 박은민, & 김봉환. (2009). 가정학대 피해 가출 청소년을 위한 정서조절 집단상담 프로그램 개발. *한국심리학회지: 상담 및 심리치료, 21(1)*, 93–111.

5. 수업 사례

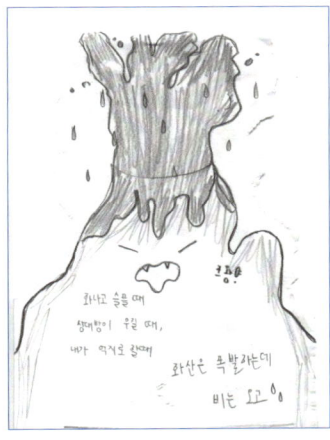

> **Tip.** 부모와의 갈등을 다룬 책

『엄마가 미운 밤』 다카도노 호코 글, 오카모토 준 그림, 천개의바람
『좋은 엄마학원』 김녹두 지음, 문학동네
『엄마 사용법』 김성진 지음, 창비
『엄마는 게임 수업 중』 박현숙 지음, 좋은책어린이
『나는 나』 배봉기 지음, 한겨레아이들
『마법의 설탕 두 조각』 미카엘 엔데 지음, 한길사
『철수는 철수다』 노경실 지음, 크레용하우스
『바빠 가족』 강정연 지음, 바람의아이

이모티콘아, 내 마음을 전해줘!
독서치료 매체 : SNS 표정 이모티콘

> 중학교 2학년 민주는 아침마다 배가 아프고, 학교에 가기 싫다고 합니다. 지난번 기말시험 기간에도 하루 결석을 했지요. 엄마는 집에서 휴대폰만 보거나, 조금만 잔소리를 해도 우는 딸이 너무 안쓰럽고 답답하다고 합니다. 종합심리검사 결과 전체지능은 [평균 수준]인데, 자율성과 학업 동기가 심하게 저하되어 있었어요. 우울 장애가 시사되어 일시적인 약물치료도 필요한 상황이었지요. 민주에게는 억압하고 있는 감정을 해소하게 하고, 자신의 [강점/약점]을 확인해서 이를 인정하고 받아들이는 상담이 필요했어요. 자신의 적성과 능력에 맞는 목표를 설정하고, 작은 성공 경험을 쌓아 자존감을 회복하도록 돕는 것이지요. 민주는 독서치료를 접목한 언어상담을 하면서 웃음을 되찾았고, 자신의 감정과 욕구를 표현하기 시작했답니다.

출처 : 카카오프렌즈

1. 매체 소개

학생상담에서는 비자발적인 참여와 불만을 표시하는 친구들이 많아 언어상담만으로는 힘든 경우가 많습니다. 그림책, 시, 노래, 만화, 영상, 사진, 미술작품 등 다양한 독서치료 매체를 사용하면 직면에 대한 저항이 덜 일어나고, 안전하게 자신을 표현할 수 있거든요. 그 중 휴대폰 이모티콘은 다양한 감정과 욕구를 기발하게 표현하기 때문에 아주 유용합니다. 학생들은 자신의 불편한 감정의 원인과 반응을 살펴보고, 그것에 이름을 붙이는 작업을 하면서 문제를 객관적으로 바라볼 수 있게 됩니다. 그리고 그 감정에 담겨 있는 소망과 좌절된 욕구와 자신이 진정으로 원하는 것이 무엇인지를 알아차리게 된답니다.

2. 목표
- 스트레스 상황을 이해하고, 문제해결 능력을 기른다.
- 스트레스로 발생되는 부정적 감정을 긍정적으로 해소하도록 한다.

3. 준비물
색연필, 풀, 가위, SNS 이모티콘 이미지

4. 진행순서 [워크시트 72p]
1) [감정어휘목록]에서 요즘 느끼는 감정들을 찾아 표시한다.
2) 그 중 5가지 감정을 고르고, 상황에 적절한 이모티콘을 찾는다.
3) 이모티콘을 붙이고 각 상황을 글로 쓴다.
4) 그 중 한 가지를 정해서 감정의 원인과 신체반응들을 기록한다.
5) 그 감정에 이름을 붙이고, 그 안에 담긴 나의 소망과 욕구를 살펴본다.

5. 수업 사례

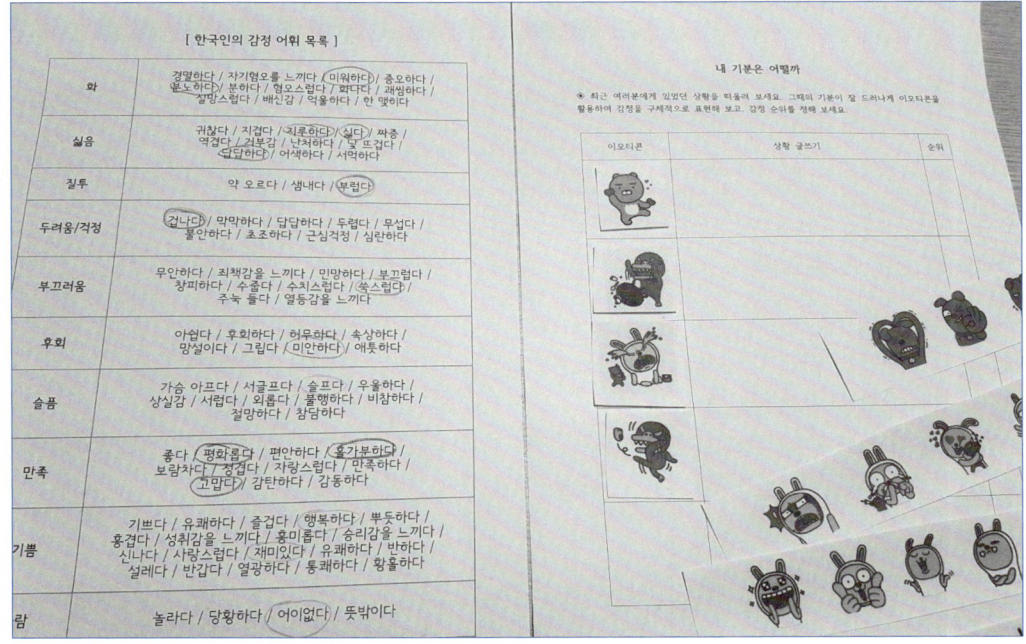

제1장 청소년의 정서조절

1-4 내 감정에 이름 붙이기

독서치료 매체 : **룰러RULER 프로그램**

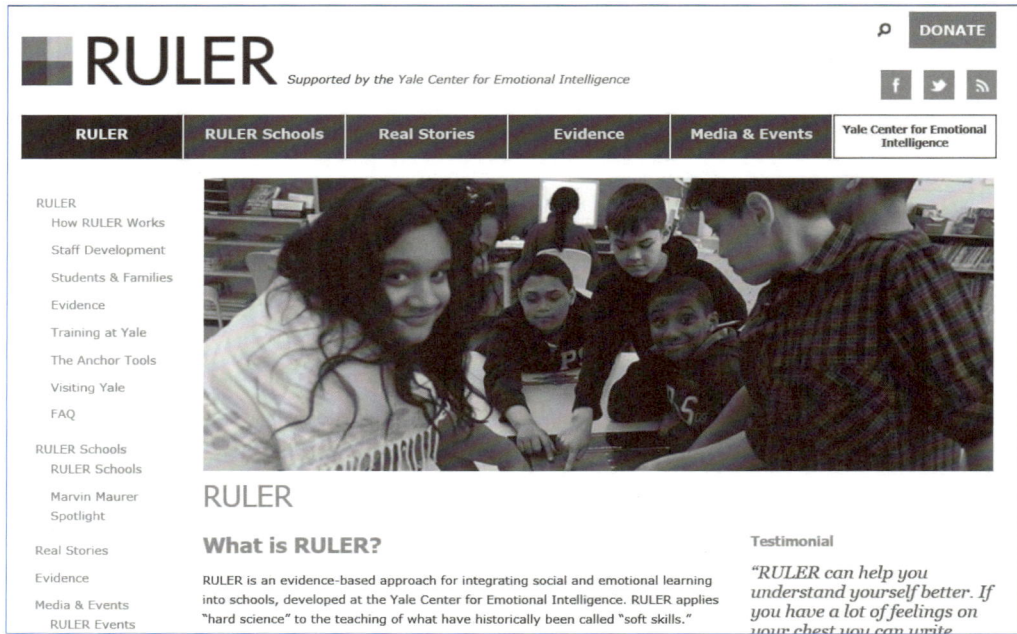

출처 : 룰러RULER 프로그램

룰러RULER 프로그램

R : 나와 타인의 정서 알아차리기 Recognizing
U : 정서의 원인과 결과 이해하기 Understanding
L : 정서에 이름 붙이기 Labelling
E : 정서를 적절하게 표현하기 Expressing
R : 정서를 효과적으로 조절하기 Regulating

---

8) http://ei.yale.edu/ruler/ruler-overview/
9) Rivers, S. E., Brackett, M. A., Reyes, M. R., Elbertson, N. A., & Salovey, P. (2013). Improving the social and emotional climate of classrooms: A clustered randomized controlled trial testing the RULER approach. *Prevention science, 14(1), 77-87.*

1. 매체 소개

자신이 실시간으로 느끼는 감정을 더 구체적으로, 더 상세하고 명확하게 알아차리는 것을 심리학에서는 정서분별Emotion Differentiation이라고 해요. 내 감정을 안다는 것은 그 순간의 '내 상태'를 알아차리는 것이고, 내 과거의 의미와 미래의 의도를 함께 알아차리는 것이지요. 정서분별을 잘하는 것은 그 자체로 자연스럽게 정서조절 능력을 높여준답니다.

예일대학교 정서지능센터에서는 룰러RULER라는 프로그램을 운영하고 있어요.[8] 룰러란, 나와 타인의 정서 알아차리기Recognizing, 정서의 원인과 결과 이해하기Understanding, 정서에 이름 붙이기Labelling, 정서를 적절하게 표현하기Expressing, 정서를 효과적으로 조절하기Regulating 다섯 항목의 첫 글자를 따서 만든 이름입니다. 이 센터에서 교육을 받은 교사들은 학교에서 매주 약 30시간의 감정수업을 하는데, 학생들의 수업 태도와 또래관계, 학업성취도까지 전반적으로 향상되었고, 교사들에게도 긍정적인 영향을 주었다고 합니다.[9]

2. 목표

Highlights of Research on RULER
- Students using RULER have better academic performance
- RULER improves school climate
- RULER increases students' emotional intelligence and social skills
- RULER decreases anxiety and depression
- Students using RULER are less likely to bully other students
- Students using RULER have better leadership skills and attention
- Teachers have better relationships with students, less burnout, better relationships with admin, more positive about teaching

3. 준비물
색연필

4. 진행순서 [워크시트 75p]
1) 최근에 느낀 감정의 원인과 예상되는 표현방식을 생각한다.
2) 그 감정의 모양과 색깔, 원인과 반응, 이름 붙이기 등을 하면서 정서분별 연습을 한다.

5. 수업 사례

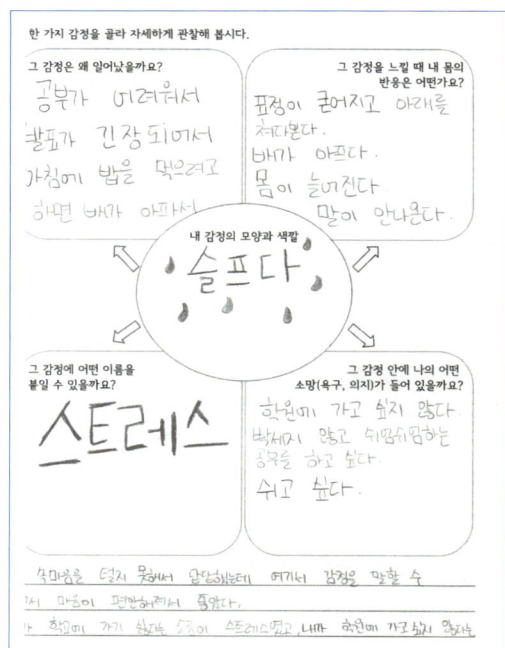
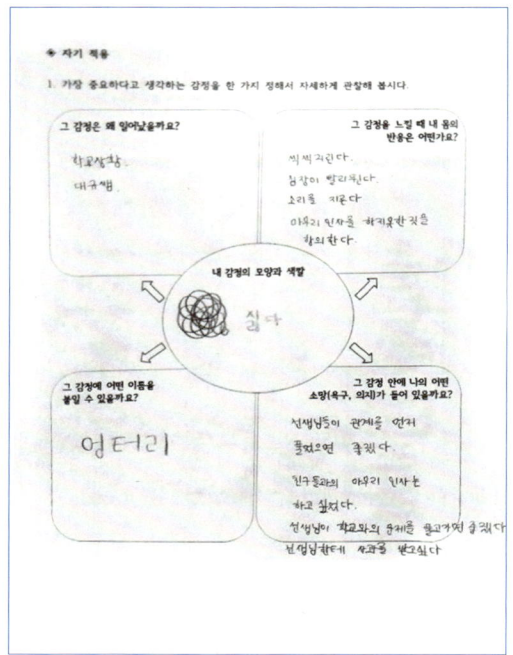

:::tip
Tip. 우울하고 화나는 감정을 다룬 책
:::

『쏘피가 화나면 정말 정말 화나면』 몰리 뱅 지음, 책읽는곰
『내 마음이 부서져 버린 날 (원제: Eyvah Kalbim Kirildi)』 엘리프 예메니지 지음, 찰리북
『비구름이 찾아온 날 (원제: Ivy And The Lonely Raincloud)』 케이티 하네트 지음, 트리앤북
『어느 우울한 날 마이클이 찾아왔다』 전미화 지음, 웅진주니어
『안녕, 울적아 (원제: Mr. Huff)』 안나 워커 지음, 키다리
『윌리와 구름 한 조각 (원제: Willy And The Cloud)』 앤서니 브라운 지음, 웅진주니어
『화 잘 내는 법』 시노 마키, 나가나와 후미코 지음, 이시이 유키 그림, 일본 앵거매니지먼트협회 감수, 뜨인돌어린이

1-5 나는 언제 행복한가요?

『**느끼는 대로 (원제: Ish)**』 피터 레이놀즈 지음, 문학동네어린이

5학년 예나는 오늘 하루 종일 기분이 나빴다면서 시무룩한 표정을 짓네요. 안 그래도 감기 기운이 있어서 피곤했는데, 체육 시간에 피구 공에 얼굴을 세게 맞아 코피가 났답니다. 게다가 같은 반 사총사와 어울리려고 할 때마다 혜지라는 친구가 화장실에 같이 가자며 떼어 놓으려 해서 짜증이 났다고 해요. 오후에는 수학 문제집을 풀다가 엄마께 잔소리를 들었다며 시무룩한 표정으로 들어옵니다. 예나는 오늘의 감정을 '끌려가는 느낌'으로 표현하고 나서 이렇게 적습니다. "나는 오늘 기분이 변덕스러웠던 것 같다. 다음에는 좋은 기분을 더 많이 느끼고 싶다."

1. 매체 소개

행복에 대해 연구하는 긍정심리학자들은 '음미하기'를 즐거움을 만들어내고 강화시키며 연장해주는 어떤 생각이나 행동이라고 말합니다. 잠시 하던 일을 멈추고 꽃향기를 맡는다거나, 음식을 천천히 먹음으로써 음식이 전해주는 맛을 충분히 느끼는 것 등이 음미하기의 예가 될 수 있지요. 이를 통해 행복감을 충만하게 느낄 수 있다고 합니다. 이 책에는 피터 레이놀즈의 『점; The Dot』에서 베티에게 격려를 받은 레이먼이 등장합니다. 평화로운 느낌, 우스꽝스러운 느낌, 신나는 느낌 등 수많은 느낌을 붙잡아 그림으로 표현하는 멋진 아이가 되었답니다. 그리고 어느 봄날 아침에는, 붙잡을 수 없는 황홀한 감정을 그냥 만끽하기로 합니다.

2. 목표
- 작은 일에도 관심을 기울이며 행복을 음미하도록 안내한다.
- 언제 즐겁고 행복한지 그 감정을 그림으로 표현해 본다.

3. 준비물
책, 색연필, 물감, 붓, 8절지I4절지

4. 진행순서 [워크시트 78p]
1) 하루 중 '내 마음 속에 저장'하고 싶은 행복을 떠올린다.
2) 주인공처럼 무언가에 몰입하고 음미해본 기억을 떠올린다.
3) 감정의 정도를 Ppleasure1에서 P10까지로 적어본다.
4) 어떤 감정을 더 많이 느끼고 싶은지 나눈다.
5) 행복한 순간의 감정을 붙잡아 그려보고, 서로 이야기 나눈다.

5. 수업 사례

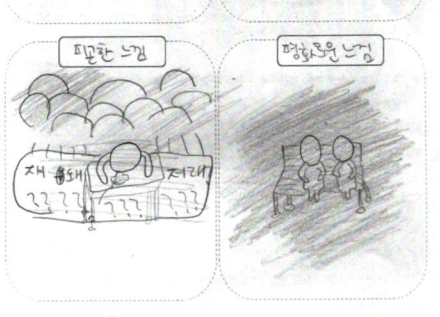

> **Tip.** 독서치료에 자주 사용되는 피터 레이놀즈의 그림책

『점 (원제: The Dot)』 문학동네어린이, 2003.10.30.
『느끼는 대로 (원제: Ish)』 문학동네어린이, 2004.09.01.
『나 하나로는 부족해 (원제: So Few of Me)』 비룡소, 2007.11.23.
『너를 보면 (원제: Little Boy)』 문학동네어린이, 2009.06.18.
『나, 여기 있어 (원제: I'm here)』 문학동네, 2012.01.03.
『미술관의 초대 (원제: The Museum)』 문학동네, 2013.06.21.
『언젠가 너도 (원제: Someday)』 2015.12.15.
『너에게만 알려 줄게』 문학동네, 2017.08.21.
『그리는 대로 (원제: Sky Color)』 나는별, 2017.10.27.
『단어수집가 (원제: The Word Collector)』 문학동네, 2018.06.20.

1-6 다르게 생각해봐요

『하지만 하지만 할머니』 사노 요코 지음, 상상스쿨

> 6학년 준서는 전교 상위권을 유지하는 형과 늘 비교당한다고 속상해 합니다. 자기도 할 만큼 하는데 아빠의 기준에는 못 미친다는 거죠. 대기업 이사인 아빠는 친구들과 농구하는 시간을 줄여서 공부를 하라고 합니다. 다행히 준서네 부모님은 아들에게 긍정적인 기질도 함께 물려주셨네요. 준서는 농구공을 들고 공원에 나가면서 이렇게 큰 소리로 외쳤다고 합니다.
> "아들이 이렇게 건강한 게 어디에요? 아빠 닮아서 친구들과 잘 지내는 거 아니에요?"
> '세상을 바라보는 마음의 창'을 프레임(frame)이라고 하지요. 한창 몸과 마음이 자라고 새로운 경험에 적응하느라 스트레스를 받는 청소년들은 입시 경쟁과 비교로 많은 부담을 느끼고 있어요. 나와 주변에 대해 어떤 프레임을 가지고 바라보느냐에 따라 행복을 느끼는 정도가 달라지겠지요. "난 공부를 못하는 걸. 얼굴이 못생긴 걸." 이런 생각에서 벗어나 긍정적으로 바라보면 어떨까요? "대신 난 피아노를 잘 치잖아. 난 친구를 잘 사귀잖아."

1. 매체 소개
고양이와 함께 사는 할머니는 언제나 "난 할머니인걸!"하면서 밖에 나가는 걸 주저합니다. 그런데 99번째 생일날, 고양이가 생일 양초를 사오다가 그만 개울에 빠뜨려서 다섯 개의 양초로 생일 축하를 하게 됩니다. 그런데 다섯 살이라 생각하니 낚시하러 가고 싶고, 개울을 뛰어넘을 수 있을 것 같고, 주변이 더 아름답게 보입니다. 사노 요코는 이 작품을 통해 긍정적으로 마음먹기에 따라 삶이 행복하게 변한다는 것을 잘 보여주고 있습니다.

2. 목표
- 긍정적인 사고 전환이 주변을 어떻게 다르게 인식하게 하는지 생각해 본다.
- 자신의 단점을 긍정적으로 바꾸어 생각해 본다.

3. 준비물
책, 색연필

4. 진행순서 [워크시트 81p]
1) '마음먹기 나름' 이라는 말에 대해 생각하며 마음 열기를 한다.
2) 할머니가 나이에 대한 생각을 바꾸기 전과 후를 비교해 본다.
3) 앞으로 할머니는 어떤 생활을 하게 될지 상상해서 그려본다.
4) 자신의 단점이나 부정적인 관점에 대해 적고, 긍정적으로 바꾸어 본다.

5. 수업 사례

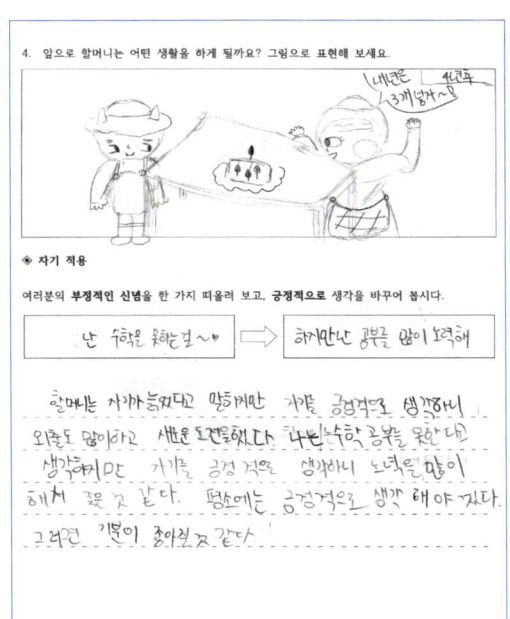
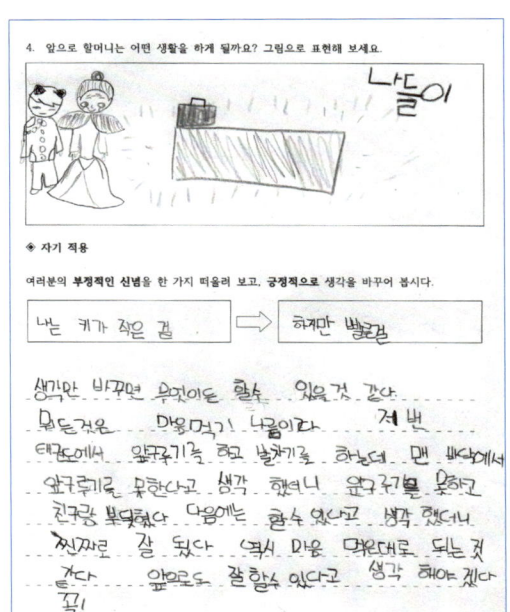

1-7 잘 거절하고 있나요?

『곰씨의 의자』 노인경 지음, 문학동네

6학년 지유는 MBTI검사에서 ISTJ가 나왔고, JTCI검사에서 사회적 민감성과 위험회피가 높게 나온 친구입니다. 영리하고 성실해서 학업성적도 매우 좋답니다. 그런데 친한 친구가 부탁하는 것은 거절하기 힘들다고 해요. 밤늦게 카톡으로 자기 준비물을 챙겨달라거나, 학원 끝나면 바로 자기랑 노래방에 가자고 하는데, 이런 요구를 어쩔 수 없이 들어주게 된답니다. 그럴 수밖에 없는 이유가 있냐고 물어보니, 거절을 하면 그 친구와 멀어질 것 같다고 합니다. 우리는 『곰씨의 의자』를 읽고 '하트하트 게임'을 하면서 그 부분에 대해 이야기를 나누었어요. 이제 지유는 자신의 의견을 말한다고 사이가 멀어지는 건 아니라는 것을 알게 되었지요.

1. 매체 소개
착한 곰씨는 여행에서 지친 탐험가 토끼와 슬퍼 보이는 무용가 토끼를 위해 자신의 긴 의자를 내어줍니다. 그런데 결혼한 토끼 부부의 자식들이 쉬지 않고 태어나 자신만의 공간과 시간을 갖지 못하자 괴로워합니다. 불편한 마음을 쉽게 털어 놓지 못하는 곰씨는 이런 저런 방법을 써 보지만 소용이 없지요. 좋은 관계를 유지하기 위해서는 자신의 경계를 적절하게 유지할 필요가 있다는 것을 잘 알려주는 그림책입니다.

2. 목표
- 자신의 경계를 침범하는 토끼들의 태도에 곰씨가 선택한 방법들을 살펴본다.
- 잘 거절하는 것이 또래관계에 어떤 영향을 주는지 살펴본다.

3. 준비물
책, 색연필, 하트하트 카드

4. 진행순서 [워크시트 84p]
1) 토끼들의 태도에 불편해진 곰씨가 시도한 방법에 대해 생각한다.
2) 하트하트 카드를 펼쳐 놓고 4가지 상황에 대해 어떻게 생각하는지 묻는다.
3) 나머지 구성원들은 카드 한 장을 골라 '이런 마음이었을 것 같아요.'라고 말한다.
4) 거절을 잘 못해서 불편한 경험이 있다면 이야기한다.
5) 나머지 구성원들은 그 상황에 맞는 카드를 골라 공감해준다.
6) 앞으로 곰씨는 토끼들에게 어떻게 행동할지 상상해서 그려본다.
7) 자신은 얼마나 거절을 잘하고 있는지 글로 정리한다.

5. 수업 사례 [하트하트 카드 게임 활용법]

[상황 1] 새끼 토끼들이 계속 쉬지 않고 태어나 자신의 의자를 어지를 때, 곰씨의 마음은 어땠을까?

[답 예시]
체인 : 어디서부터 꼬인 걸까 고민하는 복잡한 마음
폭탄 : 속이 확 터질 것 같은 답답하고 화난 마음
자동차 : 어떻게 하지 못해 혼란스러운 마음
화살표 : 거절을 해야 하나, 이해하고 받아줘야 하나 갈등하는 마음

[상황 2] 토끼들이 오지 못하도록 곰씨가 의자에 드러눕고, 페인트칠을 하고, 바위를 가져 오거나, 작은 의자를 만들었다는 걸 알았을 때, 토끼들의 마음은 어땠을까?

[답 예시]
가면 : 속마음과 겉모습이 다른 곰씨를 보고 화가 남
방향표시 : 확 떠나고 싶을 정도로 속상한 마음
금이 간 알 : 마음의 상처를 입고 속상한 마음

[상황 3] 불편함을 말하기까지 큰 용기가 필요했다는 곰씨의 속마음을 알고 난 후, 토끼들의 마음은 어땠을까?

[답 예시]
모래시계 : 처음으로 시간을 되돌려 다시 시작하고 싶은 마음
OPEN : 곰씨가 마음의 문을 열어서 기쁜 마음
자동차 : 자기들이 했던 잘못을 생각하고 부끄러워서 숨고 싶은 마음
사과 : 곰씨에게 사과하고 싶은 미안한 마음

<곰씨의 의자> / 노인경 그림책 / 문학동네

❖ 마음 열기

❖ 깊이 이해하기

1. 친절한 곰씨가 평소에 좋아하는 것은 무엇인가요?

> 독서, 음악감상, 차.

2. 곰씨는 탐험가 토끼와 무용가 토끼를 도와주고 친하게 지냅니다. 그러다 언제부터 힘들어지기 시작했나요?

3. 토끼들의 태도에 불편해진 곰씨는 무언가 말을 해야겠다고 느꼈지만 표현하지 못했어요. 대신 곰씨가 시도한 방법에 대해 어떻게 생각하나요?

| 아무도 앉지 못하게 의자에 놓기 | 한 자리만 남겨두고 페인트 칠하기 | 무거운 바위 가져오기 |
| 작은 의자를 하나 더 만들어 앉기 | 의자에 통쏘기 | 비 오는 하늘을 보며 눈물 흘리기 |

→ 정말 그래야 행운까, 유치하다.

4. 감기가 다 나은 후, 곰씨는 토끼들 앞에서 그동안 말하지 못했던 속마음을 하나하나 말했습니다. 어떤 말을 했을지 여러분이 정리해 보세요.

지금까지 너무 힘들었으니까 여기부터 내가 힘들어 보이는 오지 말아주세요

5. 곰씨는 왜 "싫어!"라는 말을 못했을까요?

> 토끼들이 상처를 받아 자신을 떠날수 있어서. 자기 표현을 못해서

6. 여러분이 곰씨라면, 언제 자신의 불편함을 토끼들에게 말했을까요?

> 토끼가 허분을 깨뜨렸을때

❖ 자기 적용

1. [하트하트 게임]을 하면서 각 상황에서 곰씨와 토끼들이 느꼈을 감정을 생각해 봅시다.

[상황 1] 새끼 토끼들이 계속 쉬지 않고 태어나 자신의 의자를 여지를 때, 곰씨의 마음은 어땠을까?

[상황 2] 곰씨가 의자에 드러눕고, 페인트 칠하고, 바위를 가져 오거나, 작은 의자를 만들 때, 여행가 토끼와 무용가 토끼의 마음은 어땠을까?

[상황 3] 불편함을 말하기까지 큰 용기가 필요했던 곰씨의 속마음을 알고 난 후, 토끼들의 마음은 어땠을까?

[상황 4] 여러분은 가족이나 친구에게 불편한 속마음을 말하지 못한 적이 있었나요? 그때의 이야기를 들려주고 어떤 마음이었는지 알아맞혀 봅시다.

2. 앞으로 곰씨는 토끼들에게 어떻게 행동할 것 같은지 그림으로 표현해 보세요.

❖ 나의 생각 글쓰기

여러분은 자신의 불편한 감정을 어떻게 표현하고 있나요? 불편한 마음을 말로 표현하고, 잘 거절하고 있나요? 여러분의 이야기를 들려주세요.

잘 거절하고 있나요?

나는 곰씨와 많이 다른 것 같다. 왜냐하면 나는 거절을 잘하는 편인데 반면에 곰씨는 거절을 잘하지 못한다. 그래서 곰씨가 말을 안하고 힘들어 하고있을때 나는 곰씨에게 용기내서 말해보라고 말하고 싶다. 그리고 주변에 곰씨 같은 친구가 있으면 그 친구의 의사를 물어보고 같이 할 것이다. 거절을 잘해야 편한 것 같다.

1-8 나는 특별해요

『너는 특별하단다 (원제: You are special)』 맥스 루카도 지음, 고슴도치

> "수학을 100점 맞다니, 우리 손자 천재구나. 대단하다."
> 6학년 태민이는 할머니의 이런 칭찬이 부담스럽다고 합니다. 물론 주변의 칭찬이 자신감을 키워주고 학교생활에도 도움이 되는 건 사실이지만, 결과에만 집중하는 어른들의 관심 때문에 시험을 못 볼까봐 긴장하고 스트레스를 받는다고 합니다. 칭찬은 교육현장에서 학생들의 사회성과 대인관계 향상에 도움을 줍니다. 그런데 행동의 결과에 집중하기보다는, 학생이 자신의 부정적인 측면을 개선하려고 노력하는 과정에 언어적 칭찬과 격려, 사회적 인정을 해준다면 그 효과가 훨씬 큽니다. 특히 또래칭찬은 학교생활 적응력과 교우관계 발달에도 효과적이지요.[10] 또래집단 프로그램에서 스스로를 칭찬하고, 상대방이 노력한 과정에 칭찬 스티커를 붙이면서 태민이는 마음의 부담을 덜어내고 활짝 웃을 수 있었답니다.
> "태민아, 네가 도심리그에서 피구를 잘한 덕분에 우리 반이 이겼잖아. 그래서 별표를 줄게."

1. 매체 소개
나무로 만들어진 '웸믹'들의 마을에는 이상한 관습이 있어요. 그들은 칭찬과 부러움의 대상에게는 금빛 별표를, 비난과 무시의 대상에게는 잿빛 점표를 붙이며 하루를 살아갑니다. 그중 펀치넬로는 온 몸이 잿빛 점표로 가득했지요. 몸에 아무 것도 붙어 있지 않은 루시아 덕분에 엘리 아저씨를 찾아갑니다. '다른 사람들이 나를 판단해서 붙이는 표는 중요하지 않다'는 것을 알게 된 순간 몸에 붙어 있던 점표 하나가 바닥으로 떨어지지요. 우리는 얼마나 타인의 시선을 의식하며 살아갈까요? 어떻게 하면 루시아처럼 누군가가 붙이려는 별표와 점표에 상관없이 있는 그대로의 나를 사랑하며 살 수 있을지 돌아보게 하는 그림책입니다.

2. 목표
- 자신과 타인의 노력한 과정을 관찰해서 칭찬하고 느낌을 표현한다.
- 또래칭찬 집단 활동을 통해 자아존중감을 향상시킨다.

3. 준비물
책, 손바닥 모양, 색연필, 사인펜, 투명 테이프, 스티커

4. 진행순서 [워크시트 88p]
1) 서로의 행동을 관찰하고 장점과 평소 노력하는 과정을 칭찬한다.
2) 형용사와 감탄사를 넣어 언어칭찬을 하면서 스티커를 붙여준다.
3) 서로에게 '~ 덕분에' 라는 말을 넣어 칭찬하고 그 소감을 나눈다'

---

10) 김춘실, 김희진, & 천성문. (2009). 칭찬 집단상담프로그램이 중학생의 자아존중감, 또래관계 및 학교생활적응에 미치는 효과. 동서정신과학, *12(1)*, 13-28.

5. 수업 사례

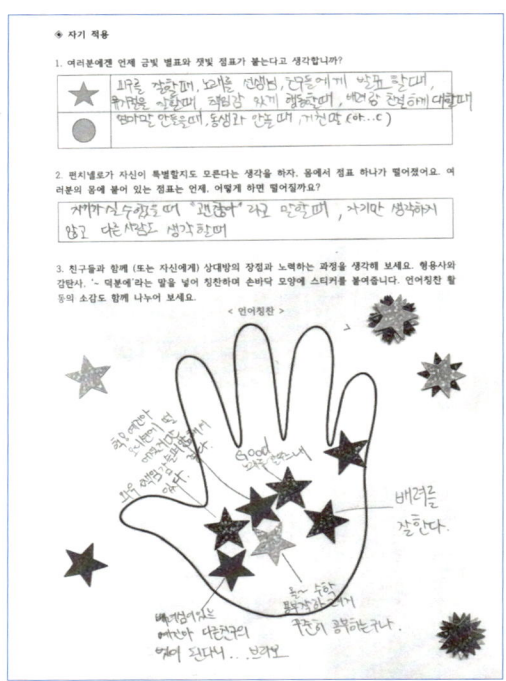
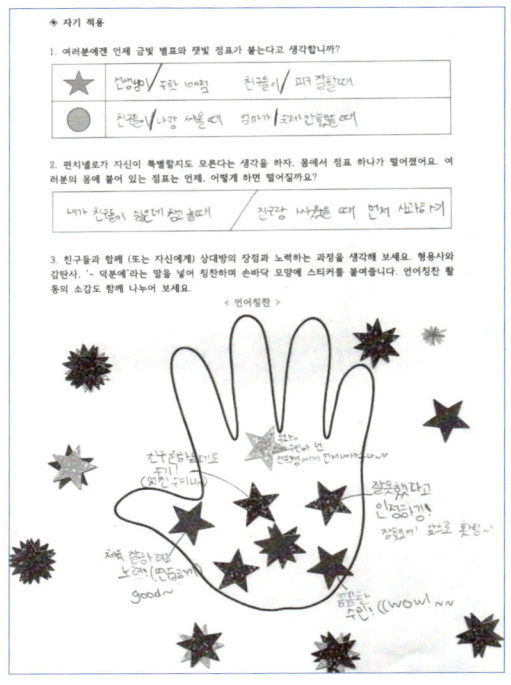

1-9 인기 짱이 되는 비결

독서치료 매체 : **가치관 경매**

유난히 짜증이 많은 6학년 진서는 친구들과 자주 싸웁니다. 6살 어린 여동생이 자신의 장난감을 만지는 것도, 친구들이 살쪘다고 놀리는 것도 참을 수 없다면서 연필을 부러뜨립니다. 정서조절 수업을 통해 진서는 자신이 무엇 때문에 스트레스를 받고, 그것을 어떻게 풀고 있는지 살펴보았지요. 또래들과 함께 <가치관 경매>를 해보니, 상위 순위에 있던 '외모'나 '가족의 행복'보다 '상당히 우수한 시험 성적'을 구입하기 위해 많은 돈을 쓰고 있더군요. 대기업에 다니시는 부모님의 학업성취도에 거는 기대와 비언어적인 태도가 아이에게도 전해졌나 봅니다. 진서는 <가치관 경매>를 하면서 자신의 급한 성격을 고치고 싶고, 운동을 해서 몸짱이 되고 싶고, 학업 스트레스를 덜 느끼면 좋겠다는 바람을 표현할 수 있었습니다.

1. 매체 소개

청소년 시기에는 흥미, 적성, 가치관, 성격 등의 발달을 촉진하는 다양한 학습경험을 제공할 필요가 있습니다. 그중 〈가치관 경매〉 활동은 여러 가치관을 살펴보면서 자신이 중요시하는 것과 자신이 의식하지 못했던 가치관의 중요도를 다시 보게 할 수 있지요. 특히, 인기 있는 친구들의 성품이나 행동 특성을 관찰하여 '가치 품목'으로 선정한 〈가치관 경매〉 활동은 청소년기 학생들의 호기심과 적극적인 참여를 돕는 유용한 매체라고 할 수 있습니다.

2. 목표

- 〈가치관 경매〉를 통해 '인기 있는 친구가 되는 비법'을 공유한다.
- 〈가치관 경매〉를 통해 또래관계에서 갖출 인성과 태도에 대해 생각한다.[11]

3. 준비물

색연필, 교육용 지폐

4. 진행순서 [워크시트 91p]

1) 내 주변의 인기 있는 친구들의 공통점을 생각해 본다.
2) 〈가치관 경매〉에 포함된 가치들 외에 경매에 넣고 싶은 가치를 정한다.
3) 갖고 싶은 순위를 정하고 준비된 교육용 지폐를 20만원씩 나눠 갖는다.
  (만 원 10장, 오천 원 20장, 천 원 10장씩 제공 권장)
4) 규칙은 먼저 돈을 낸 사람보다 많이 제시하고, 결정 시간에 제한을 둔다.
5) 낙찰된 학생의 이름과 낙찰 금액을 함께 기록한다.
6) 〈가치관 경매〉를 한 소감을 나누면서 경매에서 보여준 자신의 태도를 돌아본다.
7) 구입한 가치를 활용해서 어떻게 살고 싶은지 함께 나눈다.

---

[11] 류지선, & 조미아. (2014). 독서치료 프로그램이 중학생의 스트레스 인지와 반응에 미치는 영향에 관한 연구. *한국비블리아학회지, 25(4), 129–146*

5. 수업 사례

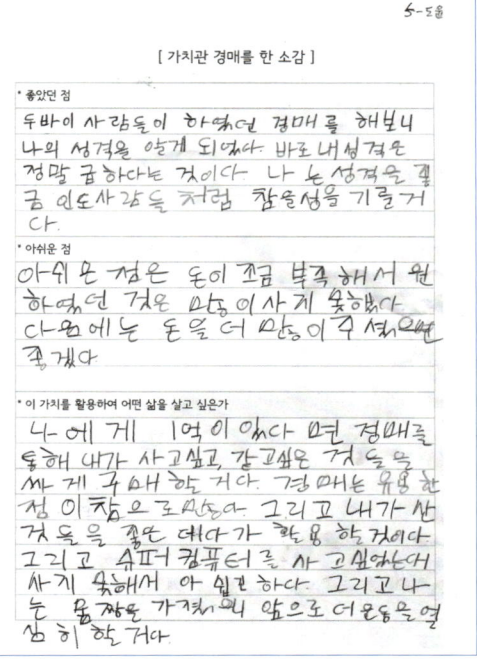

출처 : 한국은행 교육용 지폐

Tip. 가치관 관련 책

『아름다운 가치 사전 1, 2』 채인선, 한울림어린이
『아홉 살 마음 사전』 박성우 지음, 창비
『아홉 살 함께 사전』 박성우 지음, 창비
『자존감 수업(어린이를 위한)』 이정호 지음, 푸른날개

1-10 나의 바람(Want)

독서치료 매체 : 'Hands Hold On To and Let Go Art Therapy'
(떠나보내고 싶은 나 vs 붙잡고 싶은 나)

> 희서는 작년 겨울부터 엄마와 부쩍 갈등이 깊어져서 종합심리검사를 실시하게 된 중학교 2학년 학생입니다. 성적은 최상위권이고, 교회에서 반주자로 봉사할 정도로 성실하고 학교에서도 인기가 많았어요. 그런데 '일진'에 속하는 남자친구와 사귄다고 하자, 엄마는 덜컥 겁이 나서 아이의 휴대폰 사용 시간과 학원 시간 등을 통제하게 되었죠. 심리검사를 통해 나타난 희서는 매우 신중하고 책임감이 강하며, 자기 절제가 강한 아이였어요. 그 남자친구가 마음에 든 이유는 선·후배를 아우르는 사교성과 리더십이 좋았기 때문이랍니다. 상담 진행 중 이번 회기에서는 미술치료기법을 접목해서 만났어요. 희서는 '떠나보내고 싶은 나'에 '불안이 심한 엄마와의 갈등, 엄마 말대로 남친에게 이별을 통보한 자신의 못난 모습, 용기 없음' 등을 적었고, '붙잡고 싶은 나'에는 '남친과 잘 지내면서 성적도 유지하는 나, 엄마에게 용기내서 다시 사귀겠다고 말하기, 엄마의 간섭에서 벗어나 자율성 키우기, 정서적 독립' 등을 적었습니다.

출처 : Pinterest (My past & future hands hold)

1. 매체 소개
'Hands Hold On To and Let Go Art Therapy'는 떨쳐버리고 싶거나 아쉬운 나의 모습, 좋아서 계속 간직하고 싶은 나의 모습을 두 손에 그림으로 표현하여 객관적인 자기 조망과 변화에 대한 소망을 시각화하는 미술치료 기법입니다.

2. 목표
- 호흡, 마음챙김을 하면서 지금-이 순간의 자신에게 집중한다.
- '버리고 싶은 나'와 '붙잡고 싶은 나'를 표현하며 변화에 대한 소망을 나눈다.

3. 준비물
색연필, 사인펜, 도화지

4. 진행순서 [워크시트 94p]
1) 조용히 눈을 감고 선생님의 안내에 따라 '호흡에 대한 마음챙김'을 하며 안정감을 느낀다.[12]
2) 도화지에 양 손을 대고 본을 뜬다.
3) 삶에서 마음에 들지 않아 떠나보내고 싶은 모습을 생각하고 왼손에 그린다.
4) 내가 좋아서 간직하거나 갖추고 싶은 것들을 생각하고 오른손에 그린다.
5) 다른 친구들과 작품을 비교하면서 소감을 나눈다.

---

12) 배재홍, & 장현갑. (2006). 한국형 마음챙김 명상에 기반한 스트레스 감소 프로그램이 대학생의 정서반응에 미치는 영향. *한국심리학회지: 건강, 11(4), 673-688.*

5. 수업 사례

떠나보내고 싶은 나 vs 붙잡고 싶은 나

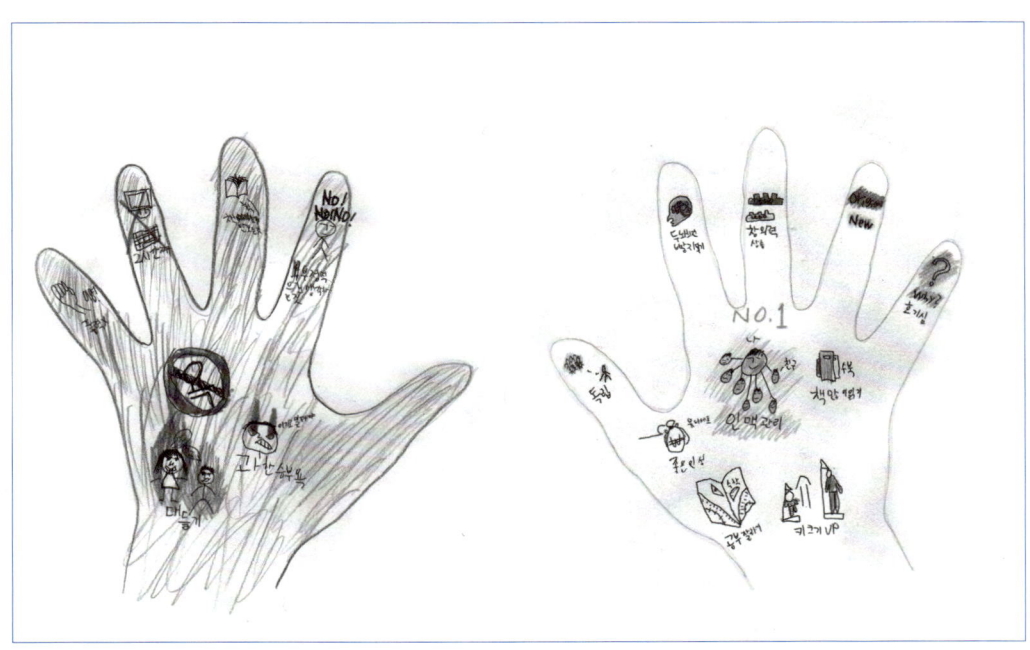

참고문헌

1. 강은주. (2016). 다문화 가족의 자존감 향상을 위한 이중언어 그림책을 활용한 독서치료적 접근에 대한 고찰. 독서치료연구, 8, 1-18.

2. 김병숙. (2017). 청소년 대상 우울·불안 예술치료 프로그램에 대한 동향분석. 독서치료연구, 9, 41-60.

3. 김은승, & 조미아. (2017). 그림책을 활용한 독서치료프로그램이 고등학교 부적응 학생의 학교적응 능력에 미치는 영향에 관한 연구. 한국비블리아학회지, 28(2), 157-183.

4. 김지혜, 유형근, & 남순임. (2016). 초등학교 통합학급 학생의 장애수용태도 향상을 위한 독서치료 활용 집단상담프로그램 개발. 교원교육, 32(4), 105-125.

5. 김현희. (2015). 상호작용적 독서치료에서 치유적 글쓰기가 자아인식에 미치는 효과. 독서치료연구, 7, 33-52.

6. 김혜정, & 김도연. (2017). 통합적 독서치료프로그램을 활용한 사회적 기술 증진 효과-경계선지적기능 아동을 중심으로. 발달지원연구, 6, 21-38.

7. 노영희. (2010). 포스트모더니즘 관점에서 본 Anthony Browne 의 어린이 그림책 특징 연구. 열린유아교육연구, 15(2), 273-299.

8. 류경남, 유형근, & 남순임. (2015). 인문계고등학생의 시험불안 감소를 위한 독서치료 활용 집단상담 프로그램 개발. 교원교육, 31(1), 117-134.

9. 류지선, & 조미아. (2014). 독서치료 프로그램이 중학생의 스트레스 인지와 반응에 미치는 영향에 관한 연구. 한국비블리아학회지, 25(4), 129-146.

10. 명창순. (2017). 중학생의 진로탐색과정에서 자아정체감 형성을 돕는 독서치료프로그램 개발. 인문사회과학연구, 18, 267-295.

11. 서영희, & 부정민. (2017). 그림책을 활용한 독서치료프로그램이 지역아동센터 아동의 행복감에 미치는 효과. 독서치료연구, 9, 41-56.

12. 엄혜선, & 한기백. (2016). 초등학생 부모의 자기성장과 양육효능감 증진을 위한 독서치료 집단상담 프로그램의 개발 및 효과분석. 한국심리유형학회지, 17(2), 55-85.

13. 이명희. (2017). 중년여성들의 자존감 향상을 위한 집단 독서치료. 한국문헌정보학회지, 51(3), 109-132.

14. 이민정, & 이영선. (2017). 그림책활용 독서치료프로그램이 여성결혼이민자의 자아존중감, 사회적 유능감 및 개인적 성장과 가족관계에 미치는 효과. 한국가족관계학회지, 22(3), 103-130.

15. 이순희, & 이명우. (2016). 공감증진 독서치료프로그램이 중학생 자녀의 어머니와 자녀 간 의사소통에 미치는 효과. 독서치료연구, 8, 83-102.

16. 이현실. (2017). 동화 활용 초기성인기 독서치료 연구: 아낌없이 주는 나무의 사례를 중심으로. 독서치료연구, 9, 115-143.

17. 이현실. (2017). 집단상담으로서 대학생 독서치료 프로그램의 효과 분석. 한국도서관·정보학회지, 48(1), 291-318.

18. 정순민, 유형근, & 정연홍. (2015). 초등학생의 분노조절 능력 향상을 위한 독서치료 활용 집단상담 프로그램 개발. 학습자중심교과교육연구, 15, 443-462.

19. 정순민, 유형근, & 정연홍. (2015). 초등학생의 분노조절 능력 향상을 위한 독서치료 활용 집단상담 프로그램 개발. 학습자중심교과교육연구, 15, 443-462.

20. 지명숙, & 홍상욱. (2014). 독서치료프로그램이 아동의 자아존중감과 스트레스에 미치는 효과-소규모 농촌 초등학교를 대상으로. 부모교육연구, 11, 51-68.

21. 탁수진, & 이은희. (2015). 독서치료 프로그램이 중학생의 자아탄력성에 미치는 효과. 한국심리학회 학술대회 자료집, 311-311.

Bibliotherapy

궁 금 해 요
모모쌤의
독서테라피
WORK SHEET
_____

청소년의 정서조절
프로그램

1-1 내 마음 나도 몰랐어요

『어린이를 위한 블루데이북』 브래들리 트레버 그리브 지음, 다산기획

마음 열기

1. 여러분도 가끔은 우울한 날이 있지요? 언제 그런 기분이 드는지 브레인스토밍 해봅시다.

2. 여러분의 기분을 색깔로 표현해 보세요.

3. 우울할 때 여러분은 어떻게 하고 있나요?

생각 넓히기

1. 우울할 땐 노래를 부르거나 누군가에게 속마음을 털어놓으면 도움이 됩니다.
다음 노래를 들어보고 모방시를 지어 보세요.

걱정이다

걱정이다 걱정 걱정이다 걱정
걱정이다 걱정 걱정이다 걱정
나는 공부를 못해서 걱정이다
집에 가면 맞기만 한다
맨날 맨날
내 속에는 죽는 생각만 난다

백창우 아저씨가 만든 노래

걱정이다

....
....
....
....
....
....
....

2. 모방시를 지어 노래를 불러본 소감이 어떤가요?

3. [감정카드]를 펼쳐서 여러분이 요즘 자주 느끼는 감정 카드를 찾아 보세요.

충족 감정카드 예시

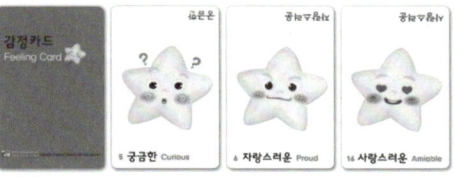

좌절 감정카드 예시

출처 : 학지사 감정카드

제1장 청소년의 정서조절
67

4. 다음 사진을 보고 어떤 감정이 떠올랐나요? 제공된 [감정카드]를 사용해서 여러분이 경험한 이야기를 써 보세요.

출처 : pixabay

1-2 나도 가끔 힘들 때가 있어요
『눈물바다』 서현 지음, 사계절

마음 열기

스트레스는 어떤 자극(사건, 사물, 사람)에 대한 반응입니다. 이 반응이 적절할 때는 적당한 긴장감을 주는 유용한 스트레스가 되어 오히려 좋답니다. 그런데 지나치면 몸과 마음이 지쳐서 공부나 일상생활에 지장을 주게 되지요. 여러분은 언제 속상하고, 울고 싶었나요? 그 상황을 나타내는 단어를 〈스트레스 통〉안에 적어보세요.

스트레스 통

생각 넓히기

1. 어떤 장면이 인상적이었나요?

2. 주인공 아이가 하루 종일 꾹꾹 눌러 참았던 감정에는 어떤 것들이 있을까요?

3. 오늘 자신을 힘들게 한 사람들과 눈물바다를 만들게 한 사람들을 모두 빨랫줄에 널고 난 주인공의 마음은 어땠을까요?

4. 여러분은 스트레스가 생길 때 어떻게 반응하고 있나요?

신체적 스트레스 반응	눈꺼풀이나 얼굴이 실룩거린다	손과 발이 떨린다 눈이 불편하다	숨이 가쁘거나 호흡이 곤란하다 메스껍다	목이나 어깨가 뻣뻣해진다 소화가 잘되지 않는다	피부에 문제가 생긴다 얼굴이 붉어진다	머리가 무겁다	어지럽다 가슴이 답답하다	식습관이 바뀐다 가슴이 두근거린다	수면패턴이 달라진다
행동적 스트레스 반응	좌절한다	불안을 느낀다	혼란스럽다 나 자신을 비난하고 싶다	우울하다 울고 싶어진다	지나치게 예민해진다 죄책감을 느낀다	소리 내어 운다
정서적 스트레스 반응	화를 낸다	짜증이 난다	언성이 높아진다 욱 하는 감정이 올라온다	기분변화가 심하다 다른 사람에게 화풀이를 한다

[참고: 청소년용 일상적 스트레스 반응 척도 (배성만, 김병선, 2014)]

5. 스트레스가 생겼을 때 여러분이 했던 방법들은 무엇이고, 다음 어디에 해당되나요?

도망간다　　　　　　　　　　　선택한다　　　　　　　　　　　싸운다

자기 적용하기

1. 스트레스 상황에서 문제를 잘 해결하는 것만큼 중요한 것은 불쾌한 감정을 잘 해소하는 것입니다. 우리도 주인공처럼 스트레스를 표현해서 빨랫줄에 널어 볼까요

2. 이번에는 스트레스를 주는 단어를 적은 종이를 뭉쳐서 [스트레스 통]에 던져 봅시다.

3. 자, 신체반응의 이완을 위해 심호흡을 세 번 하고, 숫자를 10부터 거꾸로 세어 봅시다. 스트레스를 조절하는 활동을 해 본 소감이 어떤가요?

1-3 이모티콘아, 내 마음을 전해줘!

독서치료 매체 : **SNS 이모티콘**

마음 열기

최근 여러분에게 있었던 일을 떠올리며 그때 느꼈던 감정에 ○표시해 보세요.

한국인의 감정 어휘 목록

화	경멸하다	자기혐오를 느끼다	미워하다	증오하다	분노하다	분하다 혐오스럽다	화나다	괘씸하다	실망스럽다	배신감	억울하다	한 맺히다
싫음	귀찮다	지겹다	지루하다	싫다	짜증	역겹다	거부감 난처하다	낯 뜨겁다	답답하다	어색하다	서먹하다
질투	약 오르다	샘내다	부럽다
두려움/걱정	겁나다	막막하다	답답하다	두렵다	무섭다 불안하다	초조하다	근심걱정	심란하다
부끄러움	무안하다	죄책감을 느끼다	민망하다	부끄럽다	창피하다 수줍다	수치스럽다	쑥스럽다	주눅 들다	열등감을 느끼다
후회	아쉽다	후회하다	허무하다	속상하다	망설이다	그립다	미안하다	애틋하다
슬픔	가슴 아프다	서글프다	슬프	우울하다	상실감	서럽다 외롭다	불행하다	비참하다	절망하다	참담하다
만족	좋다	평화롭다	편안하다	홀가분하다	보람차다	정겹다 자랑스럽다	만족하다	고맙다	감탄하다	감동하다
기쁨	기쁘다	유쾌하다	즐겁다	행복하다	뿌듯하다	흥겹다	성취감을 느끼다 흥미롭다	승리감을 느끼다	신나다	사랑스럽다	재미있다	유쾌하다	반하다 설레다	반갑다	열광하다	통쾌하다	황홀하다
놀람	놀라다	당황하다	어이없다	뜻밖이다

출처 : 〈내 마음을 읽는 시간/변지영〉

생각 넓히기

최근 여러분에게 있었던 상황을 떠올려 봅시다. 그때의 기분이 잘 드러나게 감정 단어와 이모티콘을 선택하고 표현해 보세요. 어떤 감정을 가장 크게 느꼈는지 순위를 정해 보세요.

이모티콘	상황 글쓰기	순위

자기 적용하기

1. 이모티콘을 몇 장 붙이면서 자신의 감정이 잘 드러나도록 일기를 써 봅시다. 다른 친구들의 이야기에 귀를 기울여 들어주고 서로의 기분이 어땠을지 공감해 줍니다.

일기에 사용될 감정 단어 3가지 이상

제목 :

2. 친구들의 '감정일기'를 듣고 그때의 기분이 어땠을지 말해 줍니다.

3. 다른 친구들의 반응을 들어본 소감이 어떤가요?

1-4 내 감정에 이름 붙이기

독서치료 매체 : **정서조절 활동지**

마음 열기

최근 여러분에게 있었던 일을 떠올리며 그때 느꼈던 감정에 ○표시해 보세요.

| 기쁨, 즐거움 | 기쁘다 | 근사하다 | 행복하다 | 편안하다 | 짜릿하다 | 날아갈 것 같다
기분좋다 | 환상적이다 | 흥분된다 | 살맛난다 | 유쾌하다 | 즐겁다 |

| 화, 미움 | 화난다 | 신경질 난다 | 귀찮다 | 괘씸하다 | 약오른다 | 억울하다 | 불쾌하다 | 혐오스럽다
싫다 | 숨막힌다 | 배신감이 든다 | 불만이다 | 무시당한 것 같다 | 짜증난다 |

| 슬픔, 안타까움 | 슬프다 | 우울하다 | 불행하다 | 외롭다 | 처량하다 | 서럽다 | 모욕당한 느낌이다
안타깝다 | 참담하다 | 허탈하다 | 고통스럽다 | 가슴 아프다 | 절망적이다 | 불쌍하다 |

| 사랑, 정 | 관심이 간다 | 반했다 | 귀엽다 | 존경스럽다 | 감사하다 | 다정하다 | 매력을 느낀다
도와주고 싶다 | 달콤하다 | 감미롭다 | 친숙하다 | 친근감을 느낀다 | 따뜻하다 |

| 놀라움 | 놀랍다 | 당황하다 | 황당하다 | 충격적이다 | 정신이 번쩍 든다 | 골치아프다
화끈거리다 | 몸둘 바를 모르겠다 | 두근거리다 | 흥분이 된다 |

| 무서움 | 공포를 느낀다 | 겁난다 | 초조하다 | 간이 콩알만 하다 | 벼랑에 선 느낌이다
큰일 날 것 같다 | 소름 끼친다 | 불안하다 | 몸이 떨린다 | 두렵다 |

| 의아스러움 | 막막하다 | 의심스럽다 | 의아하다 | 혼란스럽다 | 이해할 수 없다 | 불확실하다
피곤하다 | 곤란하다 | 괴로워하다 | 조심스럽다 | 불안정하다 |

| 그밖에 | 부끄럽다 | 창피하다 | 미안하다 | 쑥스럽다 | 한심하다
부담스럽다 | 그립다 | 찾고 싶다 | 긴장된다 |

생각 넓히기

내가 많이 느끼는 감정 중 세 가지를 골라 보세요. 그 감정과 관련된 경험을 떠올려보고, 예상되는 나의 표현방식을 적어 보세요.

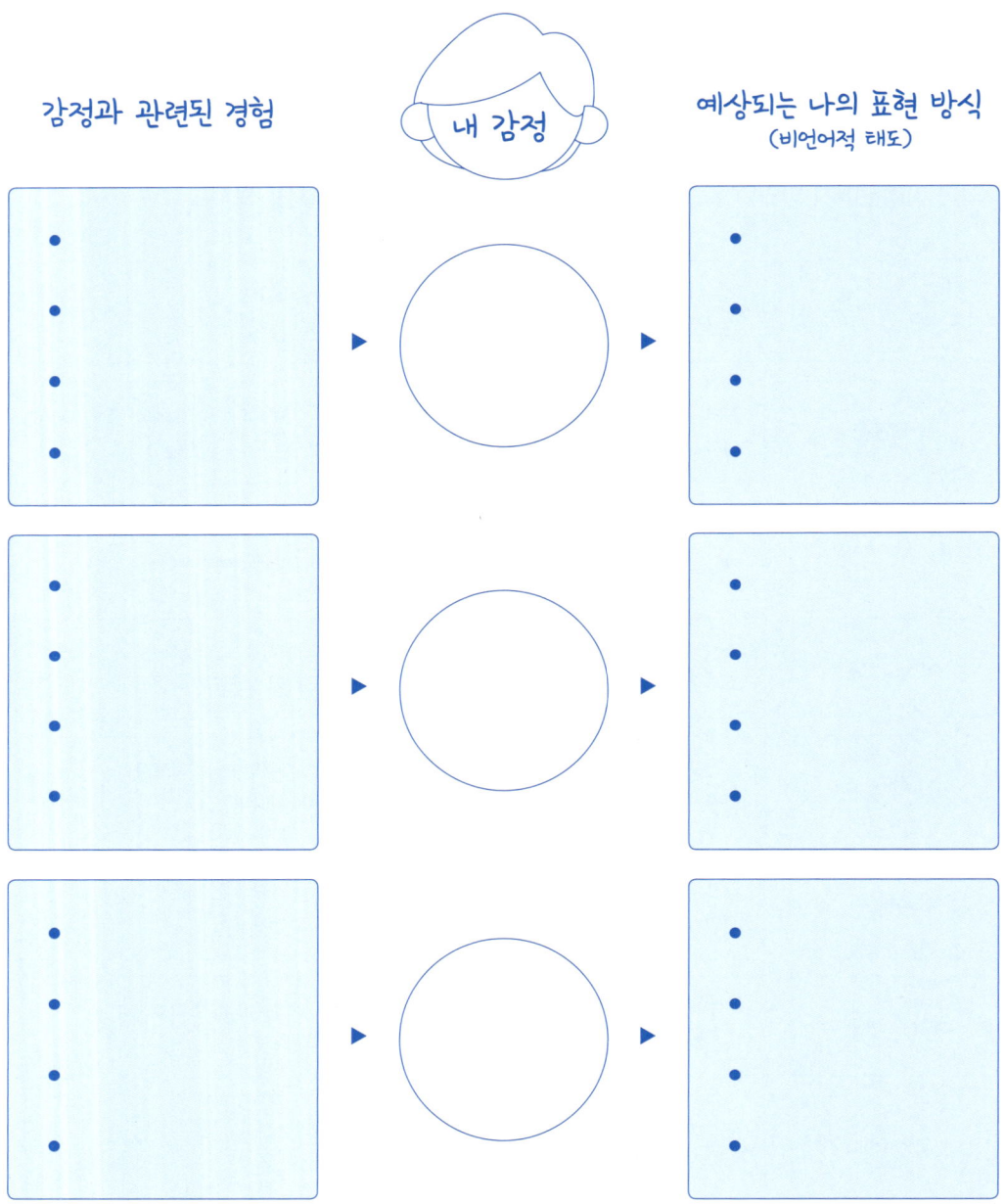

자기 적용하기

1. 가장 중요하다고 생각하는 감정을 한 가지 정해서 자세하게 관찰해 봅시다.

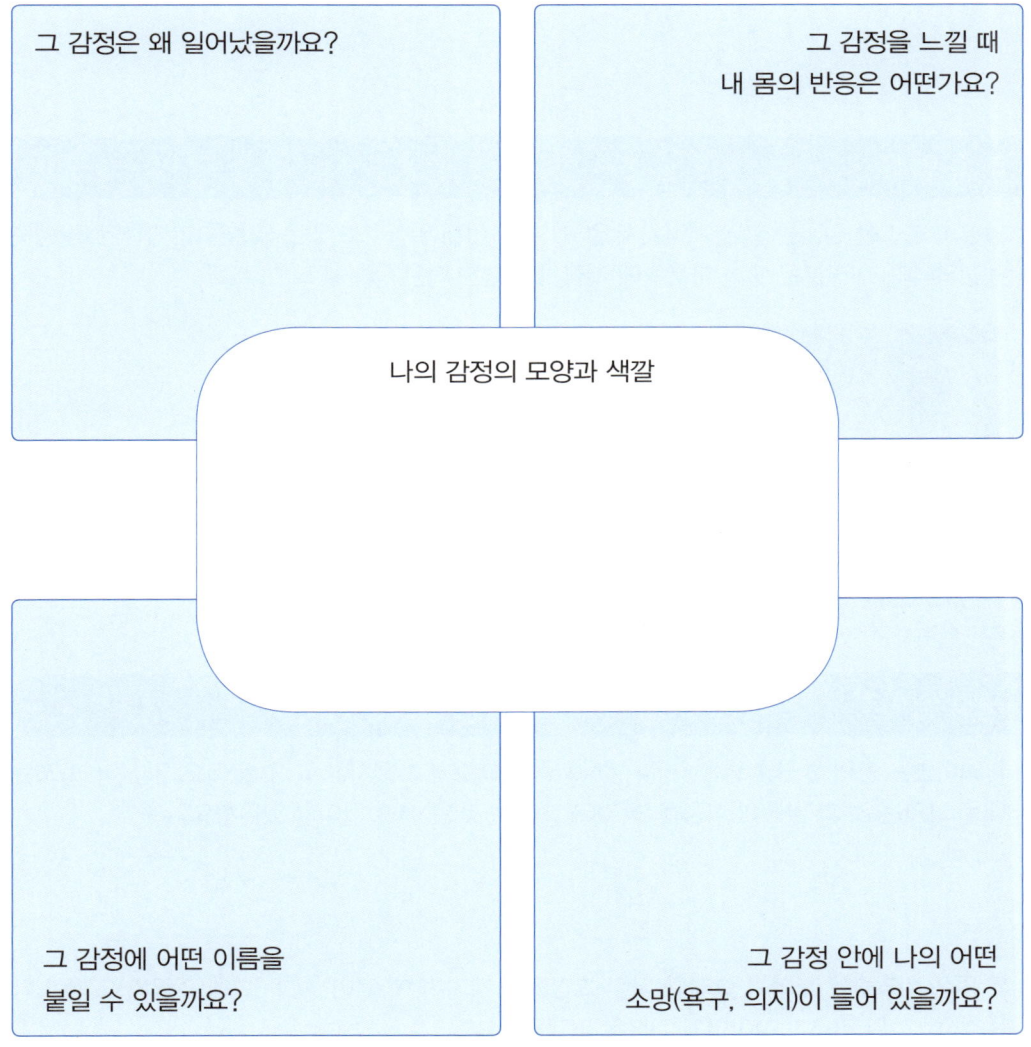

2. 여러분의 감정에 이름을 붙이고, 내면의 소망을 살펴본 소감을 나누어 봅시다

1-5 나는 언제 행복한가요?

『느끼는 대로 (원제: Ish)』 피터 레이놀즈 지음, 문학동네어린이

마음 열기

일상의 소소한 일들을 그냥 지나치지 말고, 지금 현재 일어나고 있는 일들을 만끽하면 더 행복해진답니다. 여러분은 오늘 마음속에 저장하고 싶은 작은 행복을 느꼈나요?

내 마음속에 저장~

출처 : 유튜브 박지훈 내 마음 속에 저장.

생각 넓히기

1. 레이먼은 형의 놀림을 받은 이후, 남들처럼 그려보려고 했지만 잘 안 됐어요. 자신이 '느끼는 대로 그리는 것'과 남들의 작품을 '똑같이 그리는 것'은 어떤 차이가 있을까요?

2. 동생 마리솔은 오빠가 그리다 버린 그림들을 자기 방에 붙여 놓고 "그래도 꽃병 느낌이 나는걸."하고 말합니다. 레이먼의 기분은 어땠을까요?

3. 여러분은 오늘 하루, 레이먼처럼 무언가에 몰입하고 음미하며 행복을 느껴보았나요? 행복의 느낌을 P(pleasure) 1~10까지로 표시해 보세요.

시 간	언제 행복했나요?	P1 ~ P10
이른 아침		
오전		
점심		
오후		
저녁		

4. 하루의 감정을 정리해 보니 어떤가요? 어떤 감정을 더 많이 느끼고 싶은가요?

자기 적용하기

레이먼은 순간의 감정을 붙잡아 그릴 수 있다는 걸 알게 되었답니다. 여러분은 어떤 감정을 붙잡고 싶은가요?

1-6 다르게 생각해봐요

『하지만 하지만 할머니』 사노 요코 지음, 상상스쿨

마음 열기

'마음먹기 나름'이라는 말을 들어 봤나요? 다음 그림은 보는 사람의 관점에 따라 어떻게 다르게 해석될까요?

출처 : Rubin law of figure & ground
Two Faces or a Vase? Old or Young Lady?

생각 넓히기

1. 고양이가 낚시에 함께 가자고 권할 때마다 할머니는 "난 늙은 할머니인걸."하고 말합니다. 왜 그랬을까요?

2. 99세 생일 케이크에 초를 다섯 개 꽂았을 때, 할머니는 어떤 기분이었을까요?

3. 할머니가 나이에 대한 생각을 바꾸기 전과 후를 비교해 봅시다.

시 간	하지만 나는 99세 할머니인걸...	할머니이지만 다섯 살이라고 생각해 볼까?
생각		
감정		
행동		
주변의 반응		

4. 앞으로 할머니는 어떤 생활을 하게 될까요? 그림으로 표현해 보세요.

자기 적용하기

1. 여러분에게는 어떤 단점이 있다고 생각하나요? 자신을 부정적으로 바라본 적이 있나요? 한두 가지를 떠올려 보고, 이것을 긍정적으로 생각해봅시다.

	▶	

2. 긍정적으로 생각해 본 소감을 적어봅시다.

1-7 잘 거절하고 있나요?

『곰씨의 의자』 노인경 지음, 문학동네

마음 열기

1. 여러분은 평소에 잘 거절하는 편인가요? 언제 거절하기 어려웠나요?

2. 거절이 잘 안 되는 이유가 있을까요?

생각 넓히기

1. 친절한 곰씨가 평소에 좋아하는 것은 무엇인가요?

2. 곰씨는 탐험가 토끼와 무용가 토끼를 도와주고 친하게 지냅니다. 그러다 언제부터 힘들어지기 시작했나요?

3. 토끼들의 태도에 불편해진 곰씨는 무언가 말을 해야겠다고 느꼈지만 표현하지 못했어요. 대신 곰씨가 시도한 방법에 대해 어떻게 생각하나요?

아무도 앉지 못하게 의자에 눕기	한 자리만 남겨두고 페인트칠하기	무거운 바위 가져오기
작은 의자를 하나 더 만들어 앉기	의자에 똥 싸기	비 오는 하늘을 보며 눈물 흘리기

....
....

4. 감기가 다 나은 후, 곰씨는 토끼들 앞에서 그동안 말하지 못했던 속마음을 하나하나 말했습니다. 어떤 말을 했을지 여러분이 정리해 보세요.

출처 : YES24.COM

5. 곰씨는 왜 "싫어!"라는 말을 못했을까요?

6. 여러분이 곰씨라면, 언제 자신의 불편함을 말했을까요?

자기 적용하기

1. [하트하트 게임]을 하면서 각 상황에서 곰씨와 토끼들이 느꼈을 감정을 생각해 봅시다.

상황 1 새끼 토끼들이 계속 쉬지 않고 태어나 자신의 의자를 어지를 때, 곰씨의 마음은 어땠을까?

상황 2 토끼들이 오지 못하도록 곰씨가 의자에 드러눕고, 페인트칠을 하고, 바위를 가져오거나, 작은 의자를 만들었다는 걸 알았을 때, 토끼들의 마음은 어땠을까?

상황 3 불편함을 말하기까지 큰 용기가 필요했다는 곰씨의 속마음을 알고 난 후, 토끼들의 마음은 어땠을까?

상황 4 여러분은 가족이나 친구에게 불편한 속마음을 말하지 못한 적이 있었나요? 그때의 이야기를 들려주고 어떤 마음이었을지 알아맞혀 봅시다.

2. 앞으로 곰씨는 토끼들에게 어떻게 행동할 것 같은지 그림으로 표현해 보세요.

나의 생각 글쓰기

여러분은 자신의 불편한 감정을 어떻게 표현하고 있나요? 불편한 마음을 말로 표현하고, 거절을 잘하고 있나요? 여러분의 이야기를 들려주세요.

나는 거절을 잘하고 있나요?

1-8 나는 특별해요

『너는 특별하단다 (원제: You are special)』 맥스 루카도 지음, 고슴도치

마음 열기

여러분에게는 어떤 특별함이 있나요? 브레인스토밍(Brain Storming)을 해 봅시다.

생각 넓히기

1. 펀치넬로가 사는 마을에서는 웸믹들이 서로 금빛 별표와 잿빛 점표를 붙이며 하루를 보냅니다. 어떤 경우에 이 표들을 붙여 주었나요?

2. 펀치넬로는 루시아의 소개로 언덕에 사는 엘리 아저씨를 만나러 갑니다. 아저씨는 다음과 같은 말을 해주는데, 이 말을 들었을 때 펀치넬로는 어땠을까요?

> 얘야, 나는 다른 웸믹들이 너를 어떻게 생각하는지 상관하지 않는단다. 그들도 너와 똑같은 나무 사람들일 뿐이란다. 펀치넬로, 남들이 어떻게 생각하느냐가 아니라, 내가 어떻게 생각하느냐가 중요하단다. 난 네가 아주 특별하다고 생각해.

3. 루시아의 몸에는 왜 별표나 점표가 붙어 있지 않았을까요?

자기 적용하기

1. 여러분에겐 [언제/누가/왜] 금빛 별표와 잿빛 점표를 붙인다고 생각합니까?

★	❶	❷
●	❶	❷

2. 펀치넬로가 자신이 특별할지도 모른다는 생각을 하자, 몸에서 점표 하나가 떨어졌어요. 여러분의 몸에 붙어 있는 점표는 언제, 어떻게 하면 떨어질까요?

3. 손바닥에 스티커를 붙이면서 다음의 말을 적어보세요. 친구에게도 칭찬하며 붙여 주세요.
[나의 장점 / 노력하는 과정 / 내가 ~ 한 덕분에 ~ 되었어]

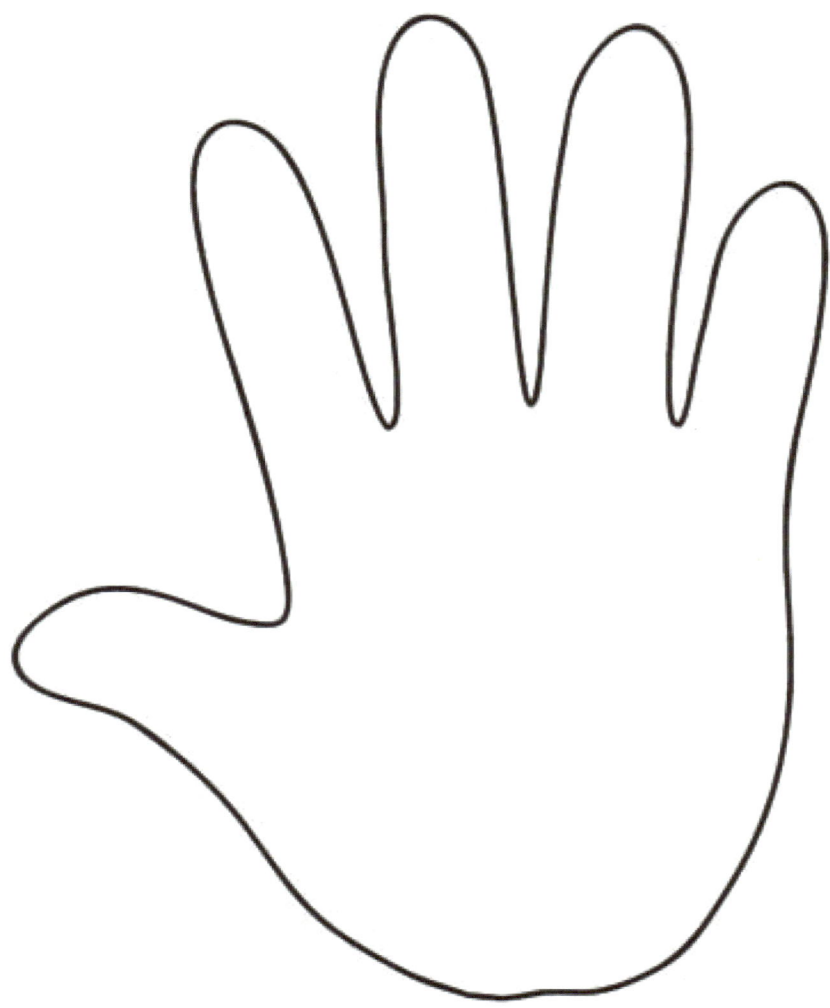

4. 자신과 친구들에게 '언어칭찬'을 해준 소감이 어떤지 나누어 봅시다.

1-9 인기 짱이 되는 비결

독서치료 매체 : **가치관 경매**

마음 열기

1. 여러분 주변에서 인기가 많은 친구들의 이름을 적어보세요.

2. 어떤 공통점이 있나요?

활동하기

다음 가치들 중 어떤 것을 갖고 싶은가요? 순위를 정해서 〈가치관 경매〉를 해보세요.

가치관 경매

이름 :

내가 중요하게 여기는 가치	순위	사용한 돈	낙찰자
건강한 몸과 운동 실력			
하루 동안의 완전한 자유, 학원 프리			
막 출시된 최신 핸드폰			
아이돌급 춤과 노래 솜씨			
잘 생긴(예쁜) 생김새			
행복하고 따뜻한 가족			
일주일간 엄마 잔소리 면제권			
상당히 우수한 시험 성적			
죽여주는 악기 연주 솜씨			
마음이 통하는 친구들			
속도 빠른 컴퓨터			
직접 정하기 :			
직접 정하기 :			
직접 정하기 :			

자기 적용하기

〈가치관 경매〉를 한 소감을 나눠 봅시다.

1. 어떤 가치를 갖게 되어 좋았나요? 그 가치가 중요한 이유는 무엇인가요?

2. 어떤 가치를 갖지 못해 아쉬운가요? 그 이유는 무엇인가요?

3. 〈가치관 경매〉를 하면서 여러분의 어떤 모습을 알게 되었나요?

4. 여러분이 구입한 가치를 실제로 갖게 되었다고 생각해보세요. 이것들을 활용해서 어떤 삶을 살고 싶은가요?

1-10 나의 바람 (Want)

독서치료 매체 : 'Hands Hold On To and Let Go Art Therapy'
(떠나보내고 싶은 나 vs 붙잡고 싶은 나)

마음 열기

호흡에 대한 마음챙김을 해 봅시다.

- 조용한 곳에 앉아 자세를 바르게 하고 눈은 편안하게 감는다.
- 호흡에 주의를 두면서 들어가고 나오는 숨이 어디에서 잘 느껴지는지 살핀다.
- 날숨이나 들숨 중 어느 쪽이 더 강하게 느껴지는지 살핀다.
- 천천히 콧구멍에서 숨이 나가고 들어오는 느낌에 집중한다.
- 마음이 다른 생각으로 산만해지면, 주의를 다시 호흡으로 가져온다.
- 5분(또는 10분) 알람이 울리면 천천히 눈을 뜬다.

출처 : Unsplash

생각 넓히기

1. 여러분의 삶을 돌아볼 때, 마음에 들지 않아서 '떠나보내고 싶은 내 모습'이 있나요?
   (떠나보내고 싶은 나의 성격, 태도, 습관, 대인관계 패턴 등)

2. 그것들을 왜 떠나보내고 싶은가요?

3. 내가 좋아서 계속 간직하고 싶고, 앞으로 갖추고 싶은 소망이 있나요?
   (붙잡고 싶은 나의 성격, 태도, 습관, 대인관계 패턴, 성취 등)

4. 그것들이 왜 필요한가요?

5. 4절지에 여러분의 양손을 본뜨고 '떠나보내고 싶은 나'와 '붙잡고 싶은 나'를 그려 보세요. 미술 활동을 한 소감이 어떤가요?

출처 : Pinterest (My past & future hands hold)

Bibliotherapy

제2장

자아존중감과 또래관계 향상

Bibliotherapy

자아존중감과 또래관계 향상

자아존중감 형성에 결정적인 시기를 아시나요?

자아존중감은 보통 자신이 얼마만큼 가치 있는지에 대한 개인적인 판단으로 알려져 있어요. 여기에 조금 덧붙이자면 자기 자신에 대한 긍정적인 태도뿐만 아니라, 부정적인 태도까지 포함해서 자신을 존중하고 바람직하게 여기며 가치 있는 존재라고 생각하는 정도를 말합니다.[1] Erickson[1968]은 청소년기에 자아존중감을 획득하는 것을 매우 중요하게 여겼어요. 왜냐하면 청소년기가 자아존중감 형성에 결정적인 시기이기 때문이지요.[2] 자아존중감은 자신의 자질이나 능력에 대해서 느끼는 감정을 기억하게 해서 어려움을 극복하고 희망을 펼칠 수 있는 에너지가 되어주고,[3] 또래관계, 학교생활 적응 등에도 직접적인 영향을 미칩니다.

자아존중감과 학교폭력은 어떤 관계일까요?

실제로 초등학생이 지각한 학업스트레스가 공격성에 미치는 영향을 조사한 연구 결과를 보면, 자아존중감을 높이는 것이 학생들의 적대감과 분노감을 유발하는 경로를 완화할 수 있다고 해요. 최근 아동·청소년의 공격적인 행동과 학교폭력 문제들이 점점 심각해지고 있어요. 이를 예방하기 위해서는 학교나 상담 장면에서 청소년의 자아존중감을 증진할 수 있도록 체계적인 교육과 프로그램을 제공하는 것이 매우 중요하겠지요.[4]

또래관계를 위한 프로그램이 필요합니다

청소년기에는 가정에서 부모와 생활하는 시간보다 친구와 상호작용하는 시간이 더 많아지지요.[5] 또래관계를 통해 가정이나 사회에서 얻지 못하는 안정감을 경험하고, 자신의 위치를 탐색합니다. 또 친구들로부터 어떤 평가를 받는지, 얼마나 수용되는지를 매우 중요하게 여기게 됩니다.[6] '또래애착'은 또래와 감정이나 사고를 공유하며 친밀하게 의사소통하고, 소외되지 않으면서 안정감, 유대감, 소속감 등을 인식하는 것을 뜻합니다. 또래애착 정도가 증가할수록 청소년의 자아정체감 발달이 긍정적으로 이루어집니다. 따라서 또래관계를 개선하고 사회성을 증진시키는 좋은 프로그램의 개발이 매우 중요하다고 볼 수 있어요.[7]

---

1) Alessandri, G., Vecchione, M., Eisenberg, N., & Łaguna, M. (2015). On the factor structure of the Rosenberg (1965) General Self-Esteem Scale. *Psychological Assessment, 27*(2), 621.
2) Erikson, E. H. (1968). Psychoanalysis and Theories of Man.(Book Reviews: Identity: Youth and Crisis; Childhood and Society (1950)). *Science, 161*, 257-258.
3) 이자, 영남, 숙경, 이미, 지희, & 이상민. (2009). Rosenberg 의 자아존중감 척도: 문항수준 타당도분석. 한국심리학회지: 상담 및 심리치료, 21(1), 173-189.
4) 김민주, & 이동귀. (2018). 초등학생이 지각한 학업스트레스가 공격성에 미치는 영향. 한국심리학회지: 학교, 15(1), 69-89
5) 장석진, 송소원, & 조민아. (2011). 중학생의 휴대전화 의존도, 부모양육태도, 또래애착이 학교생활적응에 미치는 영향. 청소년학연구, 18(12), 431-451.
6) 김상미, & 남진열. (2011). 청소년의 또래애착과 학교생활적응이 공동체의식에 미치는 영향: 삶의 만족도의 조절효과를 중심으로. 미래청소년학회지, 8, 225-242.
7) 임혜림, & 김서현. (2017). 민주적 부모양육태도가 또래애착을 매개로 중학생의 자아정체감에 미치는 영향. 한국생활과학회지, 26(3), 171-185.

자아존중감과 또래관계 향상 프로그램

No	주제	매체	내용
1	소중한 나를 이해해요	이게 정말 나일까? / 주니어김영사	좋아하고 싫어하는 것, 장점과 단점을 표현하며 자기에 대한 이해를 높입니다.
2	나의 욕구 이해하기	감정 카드 / 학지사	감정단어를 찾아 감정파이를 만들면서 서로 고민을 공유하고 공감대를 형성합니다.
3	내 친구는 어디 있을까	사회성 기술 Social Atom	미술치료 활동을 통해 대인관계 상황과 역동, 에너지 등 다양한 정보를 얻을 수 있습니다.
4	가족 내에서의 나	문제가 생겼어요! / 논장	Book Art 활동을 통해 가족 내에서 벌어지는 갈등과 그 때의 감정, 문제해결 방법을 살펴봅니다.
5	나도 할 말이 있다구!	마녀 위니 / 비룡소	또래관계에서 자신을 표현하고 효과적인 의사소통 연습을 하도록 안내합니다.
6	배려하는 친구	토끼 씨와 거북이 양 / 시공주니어	동네 사람들을 변화시킨 등장인물에게 선물을 주면서 진정한 배려를 배웁니다.
7	누구를 위하여 눈물을 흘리는가	100만 번 산 고양이 / 비룡소	아무도 사랑하지 않았던 고양이의 변화를 통해 또래 관계에서 필요한 사랑에 대해 생각해 봅니다.
8	존중하는 친구	두고 보자 커다란 나무 / 시공주니어	기분에 따라 나무를 함부로 대하던 아저씨가 후회하는 내용입니다. 패러디 시와 뒷이야기 상상화를 그리며 존중에 대해 생각합니다.
9	내가 바라는 친구	구합니다! 완벽한 애완동물 / 책과콩나무	친구가 자신에게 맞춰주길 원한 주인공을 통해 관계를 위해서는 어떤 노력이 필요한지 돌아봅니다.
10	나는 이런 사람이구나!	조하리의 창 (Johari's Window)	내가 아는 내 모습과 남이 아는 내 모습을 통합하여 자신에 대한 조망을 할 수 있도록 안내합니다.

소중한 나를 이해해요
『이게 정말 나일까?』 요시타케 신스케 지음, 주니어김영사

예의 바르고 성실한 6학년 지우는 걱정이 하나 있는데, 친한 친구의 부탁을 거절하지 못하는 겁니다. 부모님의 사랑과 선생님들의 귀여움도 많이 받는데, 또래관계에서 너무 조심스럽다고 해서 상담하러 온 친구였어요. TCI검사 결과, 지우는 조심성이 많고 수동-의존적인 기질로, 신중하고 겸손한데 타인과의 갈등을 피해 자신의 의견을 강하게 내세우지 않고 거절에 대한 두려움이 큰 기질로 나타났습니다. 아동-청소년용 MBTI인 CATi 결과는 ISFJ로 성실하고 따뜻한 반면, 하고 싶은 말을 표현하지 못하고 혼자서 고민할 가능성이 높았어요.

지우는 자아존중감과 또래애착과 관련해서 독서치료 상담프로그램을 짜 보았답니다. 다른 사람이 자신을 어떻게 생각하는지를 나타내는 사회적 자아존중감과 학업적 평가, 학생 자신이 느끼는 유능함을 포함하는 학교에서의 자아존중감을 살펴보고 높여줄 필요가 있었거든요. 지우 자신이 먼저 자신을 아끼고 존중한다면 또래들과도 잘 지낼 수 있겠지요.

1. 매체 소개
『이게 정말 사과일까?』로 베스트셀러 작가가 된 요시타케 신스케가 만든 작품입니다. 주인공 지후는 숙제, 심부름이 귀찮아 자기를 대신할 로봇을 삽니다. 그런데 로봇은 주인이 어떤 사람인지 알려 줘야 그 역할을 할 수 있다고 하지요. 지후는 자신의 취미, 버릇, 타인과의 관계 등 많은 정보를 로봇에게 알려 줍니다. 로봇은 지후의 역할을 성공적으로 해낼 수 있을까요?

2. 목표
- 자신에 대해 다각도로 살펴보고 좋아하고 싫어하는 것을 살펴본다.
- 장점과 단점을 표현하며 자기에 대한 이해를 높인다.

3. 준비물
책, 색연필, 사인펜

4. 진행순서 [워크시트 140p]
1) 자신의 나무를 어떻게 키울지 깊이 생각한다.
2) 자신에 대한 탐색을 돕는다.
3) 자신의 선호, 습관, 취미, 대인관계 등을 다양하게 표현하도록 안내한다.
4) 활동지 결과를 보면서 수업 소감을 나눈다.
5) 소중한 자신에 대한 이해를 높이도록 안내한다.

5. 수업 사례

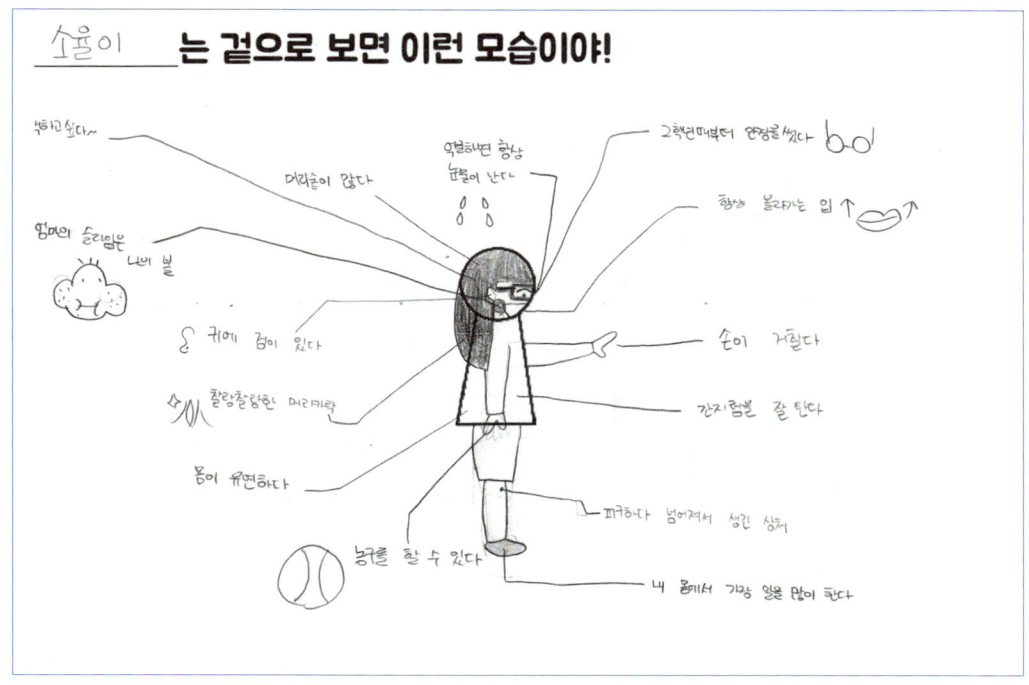

제2장 자아존중감과 또래관계 향상

__서연__는 겉으로 보면 이런 모습이야!

__서연이__는 좋아하는 것과 싫어하는 것이 있어!

나의 욕구 이해하기
독서치료 매체 : **감정카드, 학지사**

중학교 2학년 찬혁이는 휴대폰 게임에만 집중하다가 아빠한테 혼나자 등교 거부를 했어요. 상담실에 들어와서도 모자를 눌러 쓰고는 아무 말도 하지 않았어요. 오기 싫었을 그 마음을 읽어주자 손톱을 깨물기 시작합니다. 감정 카드를 내밀면서 요즘 주로 느끼는 것이 무엇인지 물어보았어요. 그러자 '짜증나는, 화나는' 카드 두 장을 고릅니다. 감정 파이로 표현하자고 했더니 검정색과 빨간색으로 최근 늘어난 과외, 휴대폰 압수에 대한 불만을 그리고 욕을 씁니다. 성적 얘기만 하는 아버지를 괴물로 그리고 마구 찢기까지 합니다. 그런 감정 안에 숨어 있는 좌절된 욕구와 소망을 가만히 물어보니 찬혁이는 눈물을 흘립니다.

"내가 뭘 좋아하는지 아빠가 물어보면 좋겠어요."

출처 : 학지사 감정카드

1. 매체 소개
감정카드는 자신과 타인의 감정을 인식하고 추측하는 연습을 통해 대인관계기술을 향상시킬 수 있는 도구입니다. 아동·청소년 집단상담이나 비자발적인 내담자와의 라포 형성 과정에서 억압된 감정을 자연스럽게 표현하도록 돕습니다. 욕구가 충족되었을 때의 감정 30개와 욕구가 좌절되었을 때의 감정 30개 총 60장으로 구성되어 있습니다.

2. 목표
- 감정단어를 통해 자신의 감정을 명확하게 인식한다.
- 자신이 느끼는 감정 안에 담겨 있는 욕구와 소망을 인식한다.

3. 준비물
감정카드, 자, 색연필

4. 진행순서 [워크시트 143p]
1) 감정카드를 보면서 요즘 많이 느끼는 감정 단어를 3~5개 정도 고른다.
2) 어떤 상황에서 이런 감정이 생기는지 감정 파이에 그린다.
3) 감정의 순위를 정하고, 각 감정의 욕구와 소망을 탐색한다.
4) 가장 중요하다고 생각되는 감정에 대해 자세히 정리한다.
5) 다른 참여자와 함께 서로의 느낌을 공유한다.

5. 수업 사례

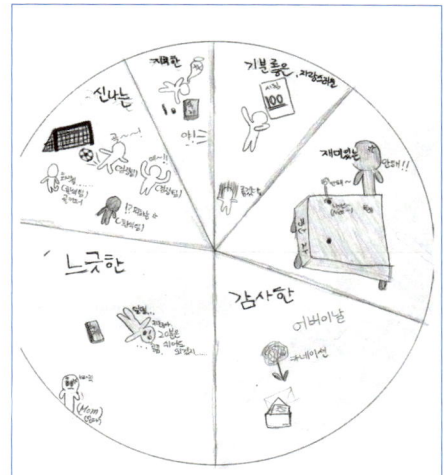

요즘 내 감정은 어떤가 (어떤 갈등과 욕구가 있는지)

요즘 내 감정은 재미있는, 지루한, 신나는, 기분좋은, 자랑스러운, 느긋한, 감사한 이다. "재미있는"은 동생과 "알까기"를 할 때 계속 이기고, "기분좋은", "자랑스러운" 내가 그 작은 시험에서 100점을 받았기 때문이다. "지루한"은 요즘 학교에서 숙제가 잘 안나왔는데 갑자기 엄청 나와서 지루하다. "느긋한"은 그 숙제가 하기 싫어 느긋하게 하고 싶어서다. "감사한"은 어버이날 엄마, 아빠께 감사해서다. 솔직히 나는 내 감정 변화가 별로 없다. "지루한"이 사라지고 "신나는"이 더 다가왔으면 좋겠다.

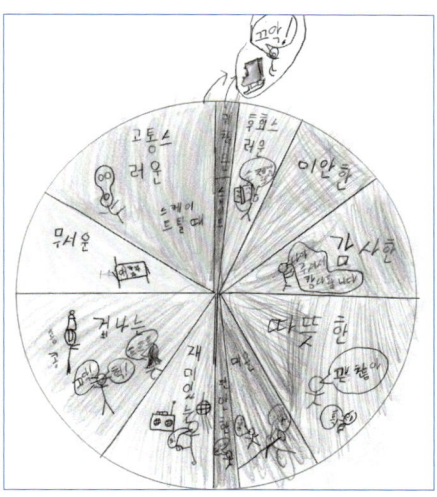

요즘 내 감정은 어떤가 (어떤 갈등과 욕구가 있는지)

요즘 나는 스케이트 탈 때 귀찮고, 고통스러운 감정을 느낀다. 그리고 밤에 갈 때 무서운 감정, 겁나는 감정, 축구할 때 재미있는 감정, 편안한 감정은 가끔씩 느낀다. 춘산이가 멀어서 어운 감정, 엄마가 안아줄 때 따뜻한, 엄마가 낳아 주셔서 감사한, 숨게 안 하고 들켜서 후회스러운, 겨울이 때 켜서 미안한. 나는 요즘 많이 힘든 것 같다.

2-3 내 친구는 어디 있을까

독서치료 매체 : **Social Atom**(사회성 기술)

> 중학교 3학년 여학생 5명을 대상으로 [사회성기술 향상 독서치료 프로그램]을 실시해 보았어요. 처음에는 또래관계에 대해 별로 할 말이 없다고 하더니, 동그라미와 세모를 사용해서 대인관계를 돌아볼 수 있다는 말에 호기심을 느끼는 눈치였습니다. 얼마 전 친한 친구와 절교를 했다는 수민이는 자신의 원 안에 그 친구의 원을 크게 채워 넣었어요. 비록 절교 중이지만 다시 자기 맘속에 넣고 싶다고 해요. 부모님의 잦은 다툼으로 집을 떠나고 싶어 하는 지수는, 엄마의 원과 아빠의 세모를 양쪽 끝으로 떨어뜨려 놓고 자신은 가운데 바닥에 작은 원으로 그렸네요. 오빠와 계속 싸운다는 수현이는 아주 작은 세모를 구석에 점처럼 찍고, 그걸 아예 찢어 버리고 싶다고 합니다. 이 학생들은 Social Atom을 그리면서 자신의 주변 사람들과의 정서적 거리감과 눌러놓고 있던 내면의 욕구를 들여다 볼 수 있었답니다.

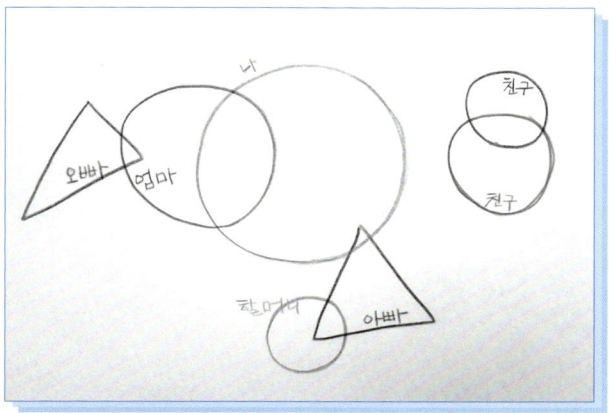

1. 매체 소개
미술치료의 목표는 그림에서 내담자의 현재 상태, 강점과 약점을 파악하여 두 가지의 조화를 이룰 수 있는 주제를 세워 내담자가 바라는 지점에 도달하도록 안내하는 것입니다. 아동·청소년의 대인관계를 돌아보고 싶을 때 부담 없이 활용할 수 있는 기법이 Social Atom입니다. 성별에 따라 동그라미와 세모로 주변 인물들을 표현하면서 현재 내담자의 대인관계 역동과 에너지 등을 탐색할 수 있습니다.

2. 목표
- 미술치료 활동을 통해 대인관계 상황과 역동, 에너지 등을 표현한다.
- 자신이 원하는 대인관계를 위한 효과적인 사회성 기술을 생각해 본다.

3. 준비물
색연필, 종이(A4 또는 8절지)

4. 진행순서 [워크시트 145p]
1) 눈을 감고 지금 – 이순간 떠오르는 사람을 생각하게 한다.
2) 종이에 자신을 먼저 그린다. 남자는 세모, 여자는 동그라미로 그린다.
3) 크기와 위치, 색깔을 자유롭게 그리고, 그렇게 표현한 이유를 물어본다.
4) 생각나는 사람 순서대로 색깔과 위치를 자유롭게 그린다. 동그라미, 세모
5) 그리는 순서의 번호를 연필로 적게 한다.
6) 자신의 작품을 보면서 대인관계를 돌아보게 한다.
7) 자신이 원하는 대인관계를 위해 새롭게 시도할 수 있는 방법을 생각한다.

5. 수업 사례

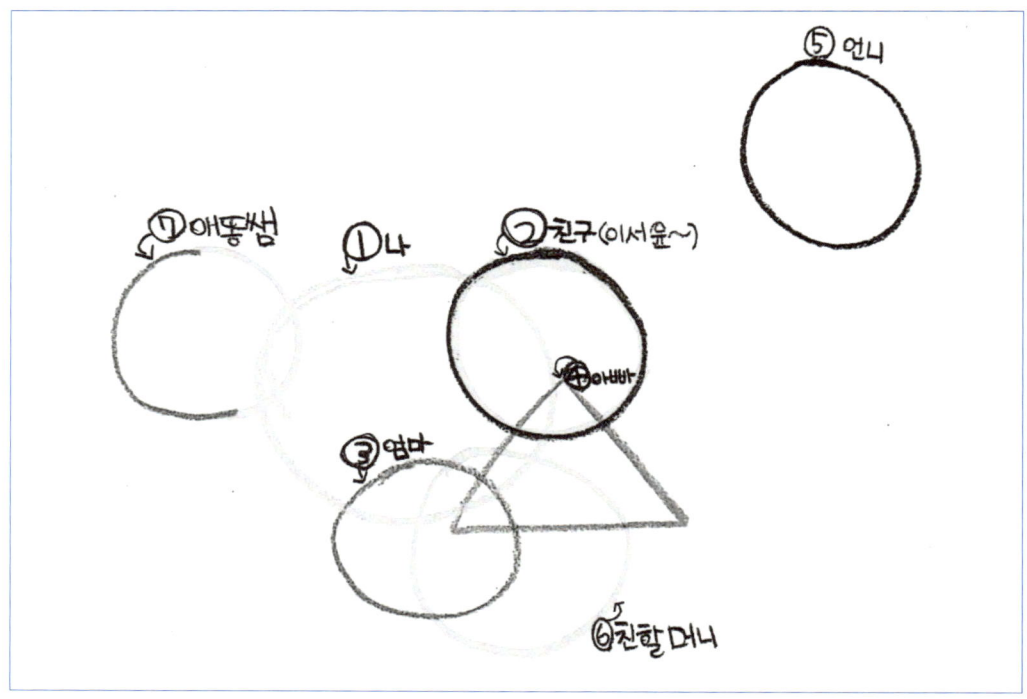

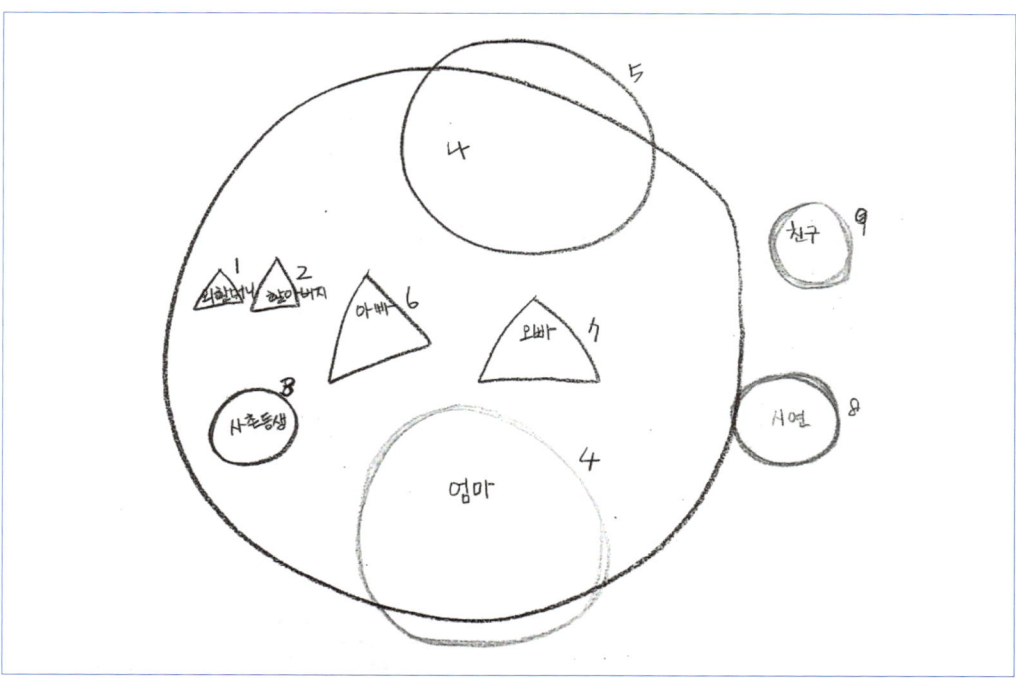

2-4 가족 내에서의 나
『문제가 생겼어요!』 이보나 흐미엘레프스카 지음, 논장

> 5학년 시형이는 자주 물건을 잃어버립니다. 축구 골대에 외투를 걸어 두고 집에 온다거나, 선생님이 주신 학교 안내문을 책상 서랍에 두고 옵니다. 작년까지는 엄마가 책가방을 챙겨 주었지만 고학년이 되어서도 자주 놓치는 부분 때문에 많이 혼나고 있어요. 시형이도 자기가 덤벙대거나 못 챙기는 걸 알고 주의를 기울이지만 쉬운 일이 아닙니다. 오히려 엄격한 부모님의 훈육에 더 위축되고 자존감이 떨어져 있었지요. 시형이와 함께 『문제가 생겼어요!』를 읽었는데, 주인공의 엄마가 아이의 실수를 따뜻하게 보듬어 주는 게 너무 부럽다고 합니다. 북아트를 하면서 시형이는 부모님 앞에서 긴장하고 있는 모습과 이해받고 싶은 마음, 잊지 않고 챙기려는 문제해결 방법을 표현했답니다.

1. 매체 소개
한국 문화에 관심이 많아 글자그림책 작업을 하고 있는 폴란드 작가 이보나 흐미엘레프스카 Iwona Chmielewska의 작품입니다. 다림질을 하다 잠깐 딴 생각을 하는 사이에 할머니와 엄마가 아끼는 식탁보에 자국을 낸 아이는 걱정을 합니다. 문제를 해결하는 아이의 심리 변화를 창의적으로 표현했습니다. 특히 엄마의 따뜻하면서도 명쾌한 대처에 누구나 미소를 짓게 되는 좋은 그림책입니다. 독서치료에 유용한 작품으로 『두 사람』, 『마음의 집』 등이 있습니다.

2. 목표
- 주인공의 문제해결 방법을 보면서 느낀 점을 나눈다.
- Book Art 활동을 통해 가족 내 갈등과 문제해결 방법을 살펴본다.

3. 준비물
책, 색연필, 4절지, 크래프트지, 가위, 풀

4. 진행순서 [워크시트 147p]
1) '실수'에 대한 브레인스토밍을 하고 그때의 문제해결 방법을 나눈다.
2) 주인공의 문제해결 방법을 보고 느낀 점을 말한다.
3) 최근 있었던 가족 내에서나 또래 간의 갈등 경험과 그때의 감정을 떠올린다.
4) 기본책 접기를 해서 [문제 상황 발생 / 그때의 감정 / 문제해결]의 3장면을 꾸민다.
5) 크래프트지를 다리미 모양으로 오려서 6장씩 나눠준다.
6) 다리미 모양을 붙여가면서 각 장면을 꾸민다.
7) 서로의 문제해결 방법에 대해 느낀 점을 나눈다.

Tip. 기본책 만들기

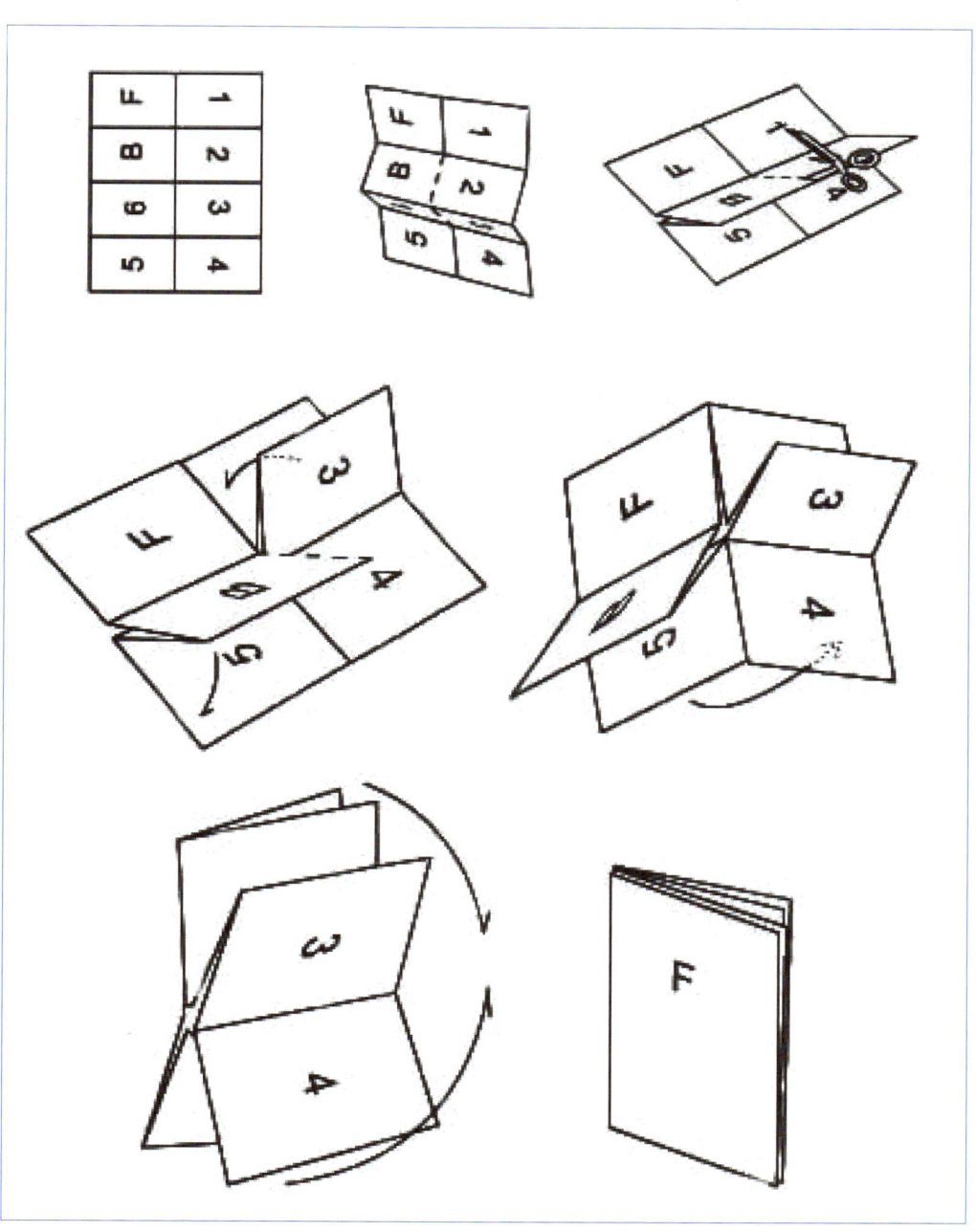

제2장 자아존중감과 또래관계 향상

5. 수업 사례

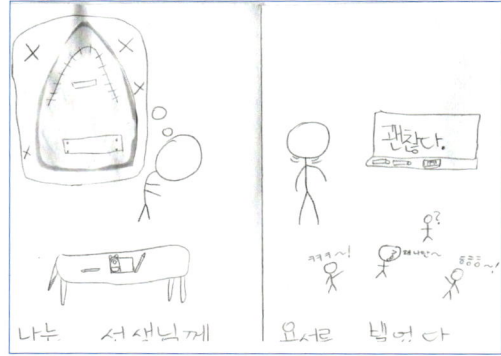

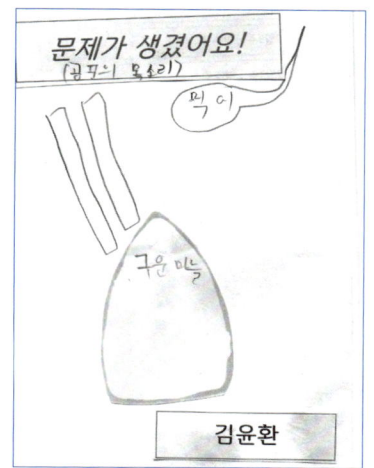

2-5 **나도 할 말이 있다구!**
『마녀 위니』 밸러리 토머스 글, 코키 폴 그림, 비룡소

> 4학년 민찬이는 부모님의 이혼 위기로 6개월 동안 시골 할머니 집에 맡겨져 있었어요. 올해 다시 예전의 학교로 전학을 왔는데 적응하기가 쉽지 않다고 합니다. 같은 반 친구들의 사소한 장난에도 소리를 지르거나 울어버리고, 누가 울보라고 놀리면 공책을 찢으며 교실을 나가버린다고 하네요. 자신의 감정을 효과적으로 전달하는 대화의 기술이 많이 부족했답니다.
>
> 민찬이는 자신을 『마녀 위니』의 윌버와 동일시했어요. 자기에게 요술 지팡이가 있다면 위니처럼 자신을 괴롭히는 친구들에게 휘둘러서 생쥐로 만들어 버리겠다고 합니다. 우선 속상한 마음을 들어주고 난 후, 우리는 주인공들이 서로 잘 지낼 수 있는 방법을 찾아보았어요. 책 속 주인공을 빗대어 이야기하는 독서치료가 민찬이에게 부담감을 줄여주었답니다.

1. 매체 소개
마녀 위니는 까만 고양이 윌버와 함께 까만 성에 살고 있습니다. 위니는 윌버에게 걸려 자꾸 넘어지자 요술봉을 휘둘러 자기 맘대로 알록달록한 고양이로 만들어 버립니다. 과연 윌버는 어떻게 되었을까요? 만약 위니가 윌버의 마음에 공감적인 경청을 하고 배려했다면 어땠을까요? 책 속 주인공의 문제해결 방법 외에 다양한 해결책을 생각해 볼 수 있고, 무례한 행동을 하는 친구에게 자신을 감정을 정확하게 표현하도록 도와주는 책입니다.

2. 목표
- 또래 관계에서 자신을 의견을 표현하고, 원하지 않는 상황에 거절하는 연습을 한다.
- 주인공의 상황을 통해 효과적인 의사소통 연습을 한다.

3. 준비물
책, 색연필

4. 진행순서 [워크시트 149p]
1) 위니의 무례한 행동에 반응하는 윌버의 모습을 살펴본다.
2) 가해자와 피해자의 입장이 되어 생각해 본다.
3) 효과적인 의사소통을 위한 방법을 생각해 본다.
4) 공감적 경청과 거절하기를 연습한다.[8]
5) 활동 소감을 나눈다.

---

8) 김붕년. (2012). 집단따돌림 및 학교폭력 예방 및 치료교육 프로그램. 대한소아청소년정신의학회 학술대회논문집, 15-38.

5. 수업 사례

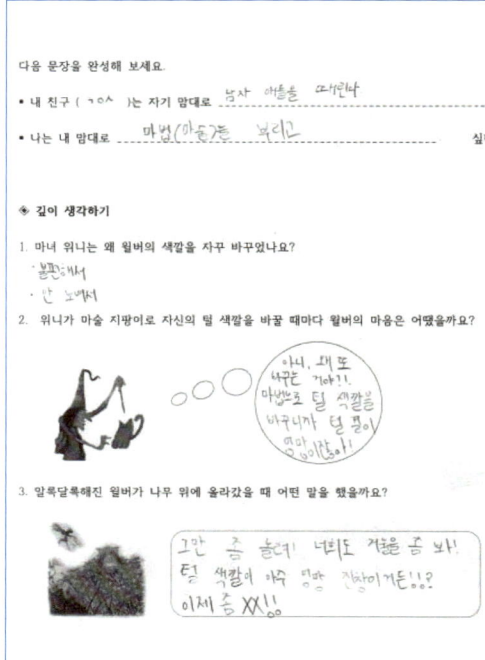

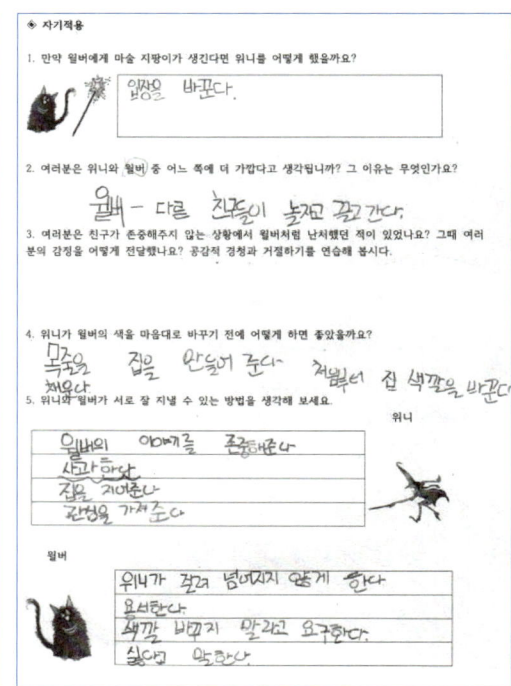

2-6 배려하는 친구

『토끼 씨와 거북이 양』 파베우 파블락 지음, 시공주니어

> 4학년 지윤이가 다니는 학교는 각 학년에 한 학급만 있는 학교입니다. 졸업할 때까지 계속 같은 친구들과 지내야 하니 다양한 일이 벌어집니다. 많은 추억을 공유하고 우정을 나눌 수 있는 반면, 사이가 한번 틀어지면 회복하느라 애를 써야 해요. 지윤이는 승부욕과 인정 욕구가 강한 아이입니다. 누가 자신의 아이디어를 흉내 내거나 발표를 잘 하면, 대놓고 화를 내며 상대방을 난처하게 합니다. 동생과도 경쟁심 때문에 자주 울면서 싸운다고 해요. 혼내는 것도 효과가 없어서 아이를 데려온 엄마를 보니, 주로 남과 비교하는 말을 많이 하고 있었어요.
>
> 지윤이는 처음에 자기가 토끼 씨 같다고 했어요. 그런데 자기가 받은 메달을 거북이 양에게 걸어주는 모습에서는 잠시 머뭇거리더군요. 자신에게 부족한 모습을 토끼 씨에게서 발견하고는 가만히 지켜보았어요. 이렇게 독서치료는 투사와 동일시를 하며 카타르시스를 느끼게 하는 치료적 효과와 그들의 해결 방법을 배우는 교육적인 효과를 함께 얻을 수 있답니다.

1. 매체 소개
숲 속에 사는 토끼 씨의 이웃들은 걸핏하면 서로 티격태격 다퉜습니다. 토끼 씨는 아무하고도 싸우지 않았지만 비밀이 있었어요. 메달을 수집할 뿐 한 번도 달리기를 한 적이 없었거든요. 그런데 어느 날, 친절한 거북이 양이 이사 오면서 상황이 달라집니다. 매일 달리기를 하는 거북이 양을 따라 숲속 동물들이 달리기를 하게 된 거예요. 다급해진 토끼 씨도 남몰래 신발이 닳도록 연습을 합니다. 드디어 열린 숲 속 동물 달리기 대회의 결과가 어떻게 되었을까요? 거북이 양의 공로를 기꺼이 인정해주는 멋진 토끼 씨의 모습을 볼 수 있답니다.

2. 목표
- 등장인물을 통해 자신의 모습을 비추어 본다.
- 이웃의 노력을 인정하고 서로 배려하는 모습을 배운다.

3. 준비물
책, 색연필

4. 진행순서 [워크시트 152p]
1) 등장인물들의 행동을 보면서 비판적인 사고를 한다.
2) 등장인물 중 자신과 비슷한 인물을 찾아 탐색한다.
3) 이웃에게 배려하는 주인공에게 편지를 쓰며 교육적 효과를 꾀한다.

5. 수업 사례

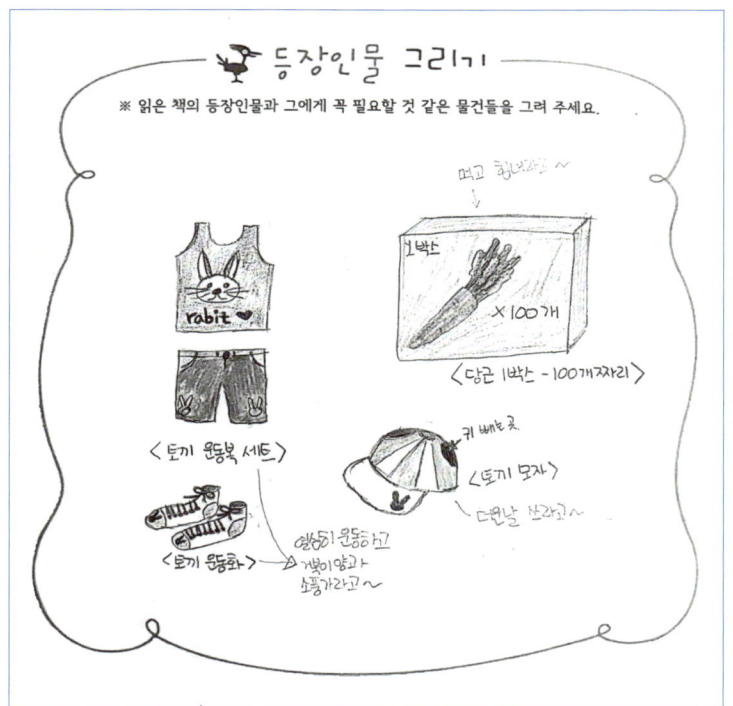

> **Tip.** 또래 관계를 다룬 어린이책

『맞아 언니 상담소』 김혜정 지음, 비룡소
『아낌없이 주는 나무』 쉘 실버스타인 지음, 시공주니어
『양파의 왕따일기』 문선이 지음, 파랑새어린이
『어느 날 구두에게 생긴 일』 황선미 지음, 비룡소
『인터넷 사이트 고민의 방』 재클린 윌슨 지음, 시공주니어
『장건우한테 미안합니다』 이경화 지음 / 바람의아이들
『친구와 나누는 친구 이야기: 이른 사춘기를 위한 힐링스토리』 김민화 지음, 문학동네
『화요일의 두꺼비』 러셀 에릭슨 지음, 사계

누구를 위하여 눈물을 흘리는가
『100만 번 산 고양이』 사노 요코 지음, 비룡소

말이 없는 중학교 1학년 수현이는 발모증으로 상담실에 오게 되었어요. 부모님의 이혼 조정 기간이라 심리적인 불안감이 큰 것 같은데, 머리카락을 자꾸 뽑으니 걱정이 되어 엄마가 데리고 왔지요. 엄마는 자기가 너무 엄격한 편이며, 작은 실수에도 '쥐 잡듯이' 혼내서 미안하다고 눈물을 흘리십니다. 아빠는 냉정하고 자녀와 대화하는 방법을 잘 모른다고 해요. 수현이가 5살 때 부부싸움을 하고 엄마가 집을 나간 적이 있는데, 그때 아빠가 우는 아이를 놀이공원에 두고 혼자 집으로 갔다고 합니다. 얼굴에 실핏줄이 다 터지도록 울던 아이를 나중에 경찰서에서 데려온 이후로 야뇨증이 생겼고, 지금은 엄지손가락 주변을 깨물어 상처가 아물지 않고, 머리카락을 뽑아 원형 탈모증까지 생겼대요.

검은 마스크를 쓰고 손에 밴드를 잔뜩 붙인 수현이는 백만 번 죽고 다시 태어나는 얼룩 고양이가 자기와 비슷하다고 합니다. 그런데 얼룩 고양이가 죽은 하얀 고양이를 안고 처절하게 우는 마지막 장면을 한참 들여다보더니, 종이를 구기며 그만 울어 버립니다.

1. 매체 소개

백만 번이나 죽고 다시 살았던 얼룩 고양이는 수많은 주인을 거치지만 그들을 사랑하지 않았고, 죽을 때 운 적도 없습니다. 백만첫 번째 삶에서 고양이는 처음으로 누구의 고양이도 아닌 자신만의 고양이가 되었어요. 처음으로 사랑을 알게 해준 하얀 고양이 덕분에 함께 새끼 고양이들을 낳고 삶의 기쁨을 맛봅니다. 그러나 하얀 고양이가 죽자 얼룩 고양이는 처음으로 처절하게 눈물을 흘리고는 두 번 다시 되살아나지 않았어요. 관계에서 필요한 사랑에 대해 생각해 볼 수 있는 좋은 책입니다. 작가인 사노 요코는 슬픈 가족사와 어머니와의 불화로 냉소적인 느낌의 그림책을 많이 썼어요. 1977년에 만든 이 작품을 통해 삶과 죽음 앞에서 자기 자신이 된다는 것이 무엇인지, 사랑의 힘이 얼마나 큰지 보여주고 있습니다.

2. 목표
- 아무도 사랑하지 않던 주인공을 변화시킨 사랑의 힘을 느껴본다.
- 주인공이 되어 일기를 쓰면서 관계에서 필요한 사랑에 대해 표현한다.

3. 준비물
책, 색연필

4. 진행순서 [워크시트 155p]
1) 책 표지와 제목을 보며 내용을 상상하도록 안내한다.
2) 얼룩 고양이를 변화시킨 사랑에 대해 살펴보도록 한다.
3) 주인공의 입장이 되어 공감 능력을 키우고, 카타르시스를 느끼게 한다.

5. 수업 사례

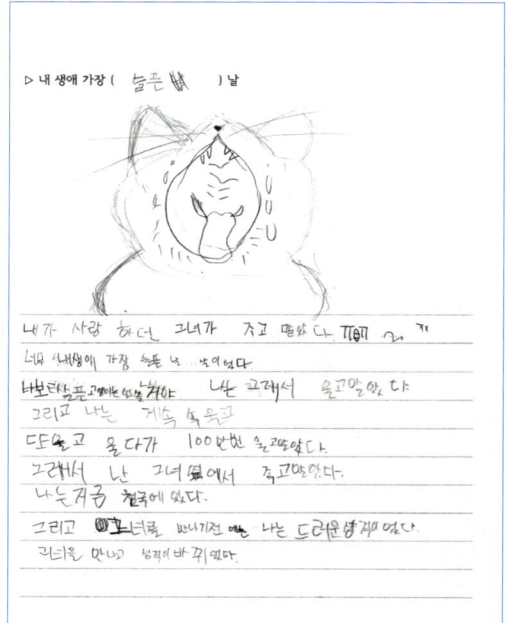

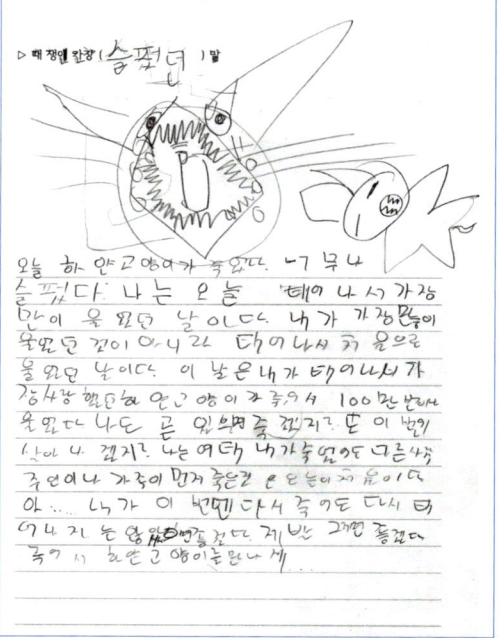

2-8 존중하는 친구
『두고 보자! 커다란 나무』 사노 요코 지음, 시공주니어

중학교 1학년 진남이는 중국계 다문화가정 학생입니다. 5학년 때 아빠가 한국 주재원으로 오게 되어 한국 학교에 편입을 했지요. 한국어도 어설프고 교과 과정이 달라서 학교 적응이 어려웠답니다. 주변의 관심으로 초등학교에서는 잘 적응했지만, 남자 중학교에 입학하면서 진남이를 괴롭히는 친구들이 생겼습니다. 같은 반 학생들이 서랍에 우유를 부어놓고 머리를 때리고 공책을 찢는 등의 학교폭력이 발생해서 가해 학생들에게 가벼운 징계조치가 내려졌습니다.

이들을 위한 대화 모임이 꾸려졌고, 진남이가 한글을 잘 쓰지 못해서 그림책을 매체로 하는 독서치료를 하게 되었어요. 진남이는 아저씨가 나무를 걷어차는 장면을 보면서 가해 학생들을 떠올리더군요. 뒷이야기 상상화를 그릴 때는 새싹 앞에 매일 무릎 꿇고 사과하는 아저씨를 그리면서 웃었답니다. 가해자와 피해자 학생들이 함께 독서치료 프로그램을 하면서 서로에 대한 이해를 높일 수 있었지요.

1. 매체 소개
이 책의 주인공은 『100만 번 산 고양이』의 얼룩 고양이처럼 까칠합니다. 아저씨는 나무 덕분에 열매를 얻고 빨랫줄과 그물 침대를 걸어 그늘에서 쉴 수도 있지만 그 고마움을 모르지요. 커다란 나무가 주는 혜택은 다 누리면서도 투덜거리며 걷어찹니다. 그런데 아저씨의 삶의 질은 커다란 나무를 베어 버리고 나서 급격히 떨어집니다. 커다란 나무의 소중함을 깨닫고 통곡하며 웁니다. 모든 상황에 감사를 모르고 화를 내는 아저씨 내면의 핵심 정서는 무엇이고, 좌절된 욕구는 무엇이었을까요? 관계에서의 배려와 존중을 생각하게 하는 그림책입니다.

2. 목표
- 주인공의 모습을 통해 또래관계에서의 자신의 모습을 돌아본다.
- 패러디 시와 뒷이야기 상상화를 통해 존중에 대해 생각한다.

3. 준비물
책, 색연필

4. 진행순서 [워크시트 157p]
1) 안도현의 시를 읽으며 또래관계에서 존중과 배려의 경험을 떠올리게 한다.
2) 등장인물의 입장이 되어 각 상황을 이해하도록 한다.
3) 학생들이 상담심리사가 되어 주인공의 좌절된 욕구에 공감하도록 안내한다.
4) 패러디 시의 사례를 읽어주고, 학생들이 직접 패러디하면서 카타르시스를 느끼도록 한다.
5) 뒷이야기를 상상하면서 배려와 존중의 중요성이 표현되도록 한다.

5. 수업사례 [패러디 시 짓기]

(아저씨) 에게 묻는다
커다란 나무

내 몸뚱이 함부로 베지 마라.
아저씨 너는 내가 준 도움을
한 번이라도 알아준 적이 있었느냐.

(커다란 나무) 에게 묻는다
아저씨

내가 너를 걷어차고 잘랐다고
함부로 나를 쓰레기
취급하지는 마라.
나무 너는 내가 얼마나
외롭게 지내는지 한 번이라도
공감해준 적이 있었느냐.

(윤서) 에게 묻는다
이 OO

내 뒤통수 함부로 때리지 마라.
너는 나에게 한 번이라도
친절한 적이 있었느냐.

(준서) 에게 묻는다
조 OO

우리 반 피구할 때
나만 맞추지 마라.
너는 나에게 한 번이라도
양보를 해준 적이 있었느냐.

[뒷이야기 그리기]

Tip. 사노 요코의 그림책

『100만 번 산 고양이』 비룡소
『좀 별난 친구』 비룡소
『하늘을 나는 사자』 천개의바람
『하지만 하지만 할머니』 사파리

2-9 내가 바라는 친구
『구합니다! 완벽한 애완동물』 피오나 로버튼 지음, 책과콩나무

> 6학년 윤지는 원래 BTS의 팬클럽인 Army였는데, 친한 친구가 Wanna One의 Wannable로 '갈아타서' 강다니엘 캐릭터 인형과 굿즈(Goods)를 사느라 지난주에는 10만원을 썼다고 해요. 윤지는 저학년 때부터 친구가 예쁘다고 하는 자신의 물건을 주거나, 그 애가 원하는 똑같은 옷을 입는 등 자율성이 부족하고 수동적인 모습을 보였답니다. 그렇게 하지 않으면 친구와 멀어질 것 같고, 외로워질 것 같다고 하네요.
>
> 윤지는 헨리의 '완벽한 친구'가 되고 싶어 변장까지 하는 오리의 행동이 이해가 간다고 합니다. 있는 그대로의 모습으로 관계 맺기를 하고, 자신의 주장을 적절하게 표현해야 건강한 관계라는 것을 함께 나누었습니다. 있는 그대로의 윤지도 꽤 멋진 아이거든요.

1. 매체 소개
'완벽한 애완동물'인 강아지를 갖고 싶었던 헨리는 신문에 광고를 냅니다. 친구가 필요했던 오리는 강아지로 변장을 하고 헨리를 찾아갑니다. 그런데 오리는 공을 물어오는 것도, 재주넘기도 서툴기만 합니다. 헨리는 오리가 자신이 원하던 강아지가 아니라는 것을 알고 실망하지만 곧 깨닫습니다. 오리에게 '스폿'이란 이름을 지어주고 친구가 되어줍니다. 진정한 친구가 되기 위해서는 있는 모습 그대로를 받아주고, 서로 노력해야 함을 알려주는 그림책입니다.

2. 목표
- 진정한 우정을 위해서는 어떤 노력이 필요한지 생각한다.
- 다양한 독후활동으로 독서치료의 즐거움을 느껴본다.

3. 준비물
책, 색연필

4. 진행순서 (1차시) [워크시트 160p]
1) '광수 생각'을 보면서 떠오르는 단어를 주변에 브레인스토밍하여 적게 한다.
2) 등장인물의 행동에 대한 자신의 의견을 적게 한다.
3) 누군가에게 좋은 친구가 되기 위해 애쓴 경험을 표현하도록 한다.
4) 진정한 친구가 되기 위해 서로 어떤 노력이 필요한지 그림으로 표현하게 한다.

5. 수업 사례

Tip. 또래관계와 관련된 그림책

『거미에게 잘해 줄 것 (원제: Be Nice To Spiders)』 마거릿 블로이 그레이엄 지음, 미디어창비
『몰리와 메이 (원제: Molly & Mae)』 대니 파커 글, 프레야 블랙우드 그림, 웅진주니어
『바보와 머저리』 박현정 글, 한병호 그림, 파란자전거
『브라운 아저씨의 신기한 모자 (원제: While He Was Sleeping)』 아야노 이마이 지음, 느림보
『비밀 친구가 생겼어 (원제: Tree Of Birds)』 수전 메도 지음, 비룡소
『사랑은 (원제: Love Is)』 다이앤 아담스 글, 클레어 키인 그림, 나는별
『세상에 둘도 없는 반짝이 신발 (원제: Go Go and the Silver Shoes)』 제인 고드윈 글, 안나 워커 그림, 모래알
『세상에서 가장 아름다운 소원 (원제: Stay : A Girl, A Dog, A Bucket List)』 케이트 클라이스 글, 새라 클라이스 그림, 재능교육
『싸워도 우리는 친구! (원제: La Petite Mauvaise Humeur)』 이자벨 카리에 지음, 다림
『안돼! (원제: No!)』 데이비드 맥페일 지음, 시공주니어
『오리건의 여행 (원제: Le Voyage D'Oregon)』 라스칼 글, 루이 조스 그림, 미래아이
『친구는 좋아! (원제: Yo! Yes?)』 크리스 라쉬카 지음, 다산기획
『친구를 돕는 특별한 방법 (원제: The Five Of Us)』 퀜틴 블레이크 지음, 한솔수북
『친구를 사귀는 아주 특별한 방법 (원제: Neville)』 노튼 저스터 글, G. 브라이언 카라스 그림, 책과콩나무
『친구와 헤어져도 (원제: La Vida Sin Santi)』 안드레아 마투라나 글, 프란시스코 하비에르 올레아 그림, 책속물고기
『혼자가 아니야 바네사: 작은 친절에 관한 이야기 (원제: I Walk With Vanessa: A Story About a Simple Act of Kindness)』 케라스코에트(부부 일러스트레이터 마리 폼퓌와 세바스티앙 코세의 필명), 웅진주니어

2-10 나는 이런 사람이구나!

독서치료 매체 : **조하리의 창 (Johari's Window) 응용 활동 (4인 이상)**

> 6학년 현지는 3학년 때부터 저와 만나온 학생입니다. 맞벌이 부모님의 외동딸인데 선택적 함묵증이 있어서 집 이외의 장소에서는 말을 하지 않았어요. 그런데 최근 올린 휴대폰 프로필 사진이 매우 흥미롭습니다. 빨간 헤어밴드를 하고 틴트를 바르는 모습, 걸그룹 코스튬을 입은 사진을 올렸더군요. 평소 보여지는 모습과 너무나 차이가 많았지요.
>
> 현지는 다른 친구들과 '조하리의 창' 응용 활동을 하면서 '열린 창'의 영역이 매우 적음을 알아차리더군요. 진짜 자신의 모습과 남들이 보는 모습의 차이에서 얼마나 불편했을까요? 현지가 좀 더 자신을 개방해서 마음이 편안해지고 마음이 맞는 친구들을 사귀면 좋겠습니다.

1. 매체 소개

조하리의 창Johari's window은 나와 타인 간의 관계 속에서 서로의 마음 상태를 보여주는 심리학 이론으로, 사람의 마음을 창문에 비유한 일종의 '관계 분석틀'이라고 할 수 있습니다. 만족스러운 대인관계와 자신의 성장을 위해서는 '열린 창'을 넓혀가는 것이 중요합니다.[9]

1) 열린 창(open area) : 나 자신과 상대방이 모두 알고 있는 모습
2) 보이지 않는 창(blind area) : 상대방은 알고 있지만 나는 모르는 모습
3) 숨겨진 창(hidden area) : 다른 사람에게 공개하고 싶지 않은 나만 알고 있는 나의 모습
4) 미지의 창(unknown area) : 나도 모르고 상대방도 모르는 모습

2. 목표

- 내가 아는 내 모습과 남이 아는 모습을 통합하여 자신에 대한 조망을 할 수 있도록 한다.
- 타인과의 공감대와 친밀도를 높이기 위해서는 열린 창을 넓히는 것이 중요함을 인식한다.

3. 준비물

유성사인펜, OHP 필름, 머메이드지, 가위, 풀, 투명 테이프

4. 진행순서 [워크시트 163p]

[1차시]
1) 57개의 형용사들 중 '나'를 표현하는 형용사 6개를 골라 색연필로 표시한다.
2) 친구에게도 '나'에 대한 형용사를 6개 고르게 해서 다른 색깔 색연필로 표시한다.
3) 서로 겹치거나 어긋나는 단어들을 비교한다.
4) 타인과의 공감대와 친밀도를 높이기 위해서는 열린 창을 넓히는 것이 중요함을 안내한다.

[2차시]
1) 내가 아는 나의 모습을 OHP 필름에 그린 후, 오려서 '조하리의 창'에 각각 배치한다.
2) 친구에 대한 그림 조각을 1~2장씩 그려서 전달한다.
3) 친구에게서 받은 그림 조각이 '조하리의 창'의 어느 영역에 속하는지 배치해 본다.
4) 큰 동그라미를 그린 OHP 필름에 자신에 대한 그림 조각들을 붙이고 느낌을 발표한다.

---

[9] 박수경. (2016). 조하리의 창 (joharis window) 에 나타난 통합체육 내 체육교사의 지적장애학생 지도 어려움 해결방안에 대한 연구. 한국체육학회지, 55(2), 677-688.

5. 수업 사례

· 살아있는 글쓰기

조해리의 창 '이란 말을 듣고 뭔지 몰랐는데 쌤님께 설명을 듣고나니
알 그런것 같다고 생각되었다. 나는 사실 나는 어떠에 남본 모르는 내 뜸이 많은 것같다.
처음에 나를 표현하는 것에 막막했는데 큰 거울 그리니 내가가 줄을 이어딘가
나갔다. 목표는 성격가 순하게 많는 편 표현되었다. 마지막에 칭찬들이 내게 대해
그려있다. 정말 그러나 많았다. 사실 난 단점도 많은데...다
뒤한으로 난 '조해리의 창' 중에서 나도 알고 남도 아는 내모습이 많았으면
좋겠다. 우리는 성격 좋으면 좋겠다.

· 살아있는 글쓰기

오늘은 JOHARI'S WINDOW (조해리의 창) 라는 수업을 하고
나는 나에대해 많은것을 알게 되었다.
이 중 나에게 알맞는것 √ 노력파, LOVE, 생, 발음, 흥이많음
이다. 그리고 내가 마음에드는은 음악, 있다, 음악, 생활, 역...
시가 음악을 매거나 못을 음을 드럼을 좋아하기 때문에 마음에든다.
내가 성질하다는것은 정말 좋은 상점인것같고 발음것도 내 생활에
곡 필요한것 같다. 나는 공부을 아주 잘하는 편은 아니지만
공부을 할때 상하려고 노력 열심히 한다.
태기에 걱정 없지만 영어를 잘하지 못하것, 남들 앞에서 (쑥쓰러) 하는것 을
고치고 싶다.
의 내뜸을 다 해내는 사람이 되고 싶고 더욱더 성장하고 싶다.

궁금해요
모모쌤의
독서테라피
WORK SHEET

자아존중감과
또래관계 향상
프로그램

 소중한 나를 이해해요

『이게 정말 나일까?』 요시타케 신스케 지음, 주니어김영사

마음 열기

'나답다'는 게 무엇이라고 생각하나요?

생각 넓히기

1. 인상적인 장면은 어디인가요?

2. 로봇이 지후에 대해 자세히 설명해달라고 할 때 왜 귀찮다고 생각했나요?

3. 할머니의 말씀 중에 "자기 나무의 종류는 타고나는 거라서 고를 수 있지만 어떻게 키우고 꾸밀지는 스스로 결정할 수 있다."는 어떤 의미일까요?

자기 적용하기

1. 여러분 스스로에 대한 만족도를 몇 퍼센트로 표현할 수 있나요?

2. 만약 여러분을 대신할 로봇이 주인에 대해 자세히 알려달라고 하면, 가장 먼저 어떤 특징을 설명하고 싶은가요?

3. 다음 활동지에 여러분에 대해 표현하고, 느낀 점을 말해 보세요.

_____ 는 겉으로 보면 이런 모습이야!

제2장 자아존중감과 또래관계 향상

_____ 는 좋아하는 것과 싫어하는 것이 있어!

 **나의 욕구 이해하기**

독서치료 매체 : **감정카드, 학지사**

마음 열기

여러분이 요즘 많이 느끼는 감정은 어떤 것들이 있나요? 감정카드에서 3~5장 골라 보세요.

자기 적용하기

1. 어떤 상황에서 이런 감정이 생기는지 감정 파이에 그려 보세요.

2. 여러분이 느끼는 감정의 순위를 정해 보세요. 각각의 감정에는 어떤 욕구와 소망이 담겨 있는지 살펴보세요.

순위	감정	욕구 / 소망

3. 가장 중요하다고 생각하는 감정 한 가지를 선택해서 글로 정리해 보세요.

요즘 내 감정은 어떤가

....
....
....
....
....
....
....

2-3 내 친구는 어디 있을까

독서치료 매체 : **Social Atom**(사회성 기술)

마음 열기

잠시 눈을 감고 호흡을 해 보세요. 여러분의 가족이나 친구 중 생각나는 사람이 있나요?

자기 적용하기

1. 먼저 종이에 자신을 나타내는 도형을 그립니다. 그리고 싶은 대로 색깔과 크기, 위치를 정하세요.(여자는 동그라미, 남자는 세모)

2. 떠오르는 순서대로 그 사람이 여자면 동그라미, 남자면 세모를 그립니다. 색깔과 크기, 위치도 자유롭게 표현하세요. 그리는 순서대로 작게 숫자를 씁니다.

3. 완성된 그림을 보면서 어떤 것을 표현하고 싶었는지 알아봅니다.

4. 여러분이 원하는 대인관계에 대해 말해봅니다.

5. 자신이 원하는 대인관계를 위해서 어떤 시도를 해볼 수 있을까요?

Social Atom

2-4 가족 내에서의 나

『문제가 생겼어요!』 이보나 흐미엘레프스카 지음, 논장

마음 열기

다음의 공통점은 무엇일까요?

 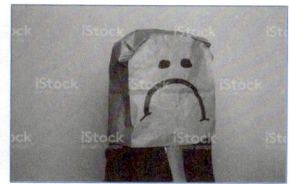 

출처 : Unsplash, iStock

생각 넓히기

1. 인상적인 장면은 어디인가요?

2. 주인공의 엄마는 '큰일'을 현명하게 해결합니다. 이때 주인공의 마음은 어땠을까요?

3. 만약 여러분과 부모님이라면 이런 문제를 어떻게 해결했을까요?

자기 적용하기

1. 최근 여러분에게 생긴 문제가 있었는지 떠올려 보세요.

2. Book Art 기법 중 기본책 접기를 하고, 문제 발생과 그에 따른 갈등, 문제해결을 그림으로 표현해 보세요. 서로의 문제해결 방법을 보면서 이야기 나누어 봅시다.

2-5 나도 할 말이 있다구!

『마녀 위니』 밸러리 토머스 글, 코키 폴 그림, 비룡소

마음 열기

다음 문장을 완성해 보세요.

- 내 친구 (   )는 자기 맘대로 _____.
- 나는 내 맘대로 _____ 싶다.
- 친구가 _____ 속상했다.

생각 넓히기

1. 마녀 위니는 왜 윌버의 색깔을 자꾸 바꾸었나요?

2. 위니가 마술 지팡이로 자신의 털 색깔을 바꿀 때마다 윌버의 마음은 어땠을까요?

3. 알록달록해진 윌버가 나무 위에 올라갔을 때 무슨 말을 했을까요?

4. 마녀 위니와 고양이 윌버의 행동을 살펴보세요. 둘에게 어떤 별명을 지어주고 싶은가요?

마녀 위니	
고양이 윌버	

자기 적용하기

1. 만약 윌버에게 마술 지팡이가 생긴다면 어떻게 하고 싶었을까요?

2. 여러분은 마녀 위니와 윌버 중 어느 쪽에 더 가깝다고 생각되고, 그 이유는 무엇인가요?

3. 여러분은 친구가 존중해주지 않는 상황에서 윌버처럼 난처했던 적이 있었나요? 그때 여러분의 감정을 어떻게 전달했나요?

4. 마녀 위니와 윌버가 서로 잘 지낼 수 있는 방법을 생각해 보세요.

내가 마녀 위니라면

1. (예) 윌버의 색을 마음대로 바꾸기 전에 미리 물어본다.
2.
3.
4.
5.

내가 윌버라면

1. (예) 위니가 지나다니는 길에 눈을 감고 누워있지 않는다.
2.
3.
4.
5.

2-6 배려하는 친구

『토끼 씨와 거북이 양』 파베우 파블락 지음, 시공주니어

마음 열기

여러분은 친구들이 배려해준다는 느낌을 받은 적이 있나요?

생각 넓히기

1. 숲 속 동물들이 새로 이사 온 거북이 양과 점점 친해진 까닭은 무엇인가요?

2. 토끼 씨는 왜 거북이 양을 따라잡지 못했을까요?

3. 토끼 씨의 행동 중 마음에 드는 순위를 정하고, 그렇게 생각하는 이유를 말해 보세요.

숲 속 친구들과 다투는 대신 챔피언 메달들을 목에 걸고 산책을 나감	
거북이 양을 이긴 뒤 기록을 재려고 달려 나감	
메달을 팔고 새 운동화를 사서 날마다 새벽부터 밤까지 연습을 함	
달리기 경주에서 가장 먼저 결승선을 통과함	
자신이 받은 메달을 '숲 속에 평화를 가져온 거북이 양'의 목에 걸어줌	

4. 토끼 씨에게 메달을 받은 거북이 양은 무슨 말을 했을까요? 다음 말 주머니를 채워 보세요.

5. 만약 토끼 씨가 달리기 연습을 하지 않았다면 어떻게 되었을까요?

자기 적용하기

1. 여러분은 등장인물 중 누구와, 어떤 점이 비슷하다고 생각하나요?

> 토끼 씨 / 거북이 양 / 곰 아주머니 / 다람쥐들 / 두더지 양
> 오소리 할아버지 / 오리들 / 비버 아저씨 / 부엉이 아주머니

2. 여러분은 거북이 양의 매력이 무엇이라고 생각하나요?

3. 이 책은 어떤 메시지를 전달하려는 걸까요? 다음 단어를 넣어 문장을 만들어 보세요.

제2장 자아존중감과 또래관계 향상

4. 자신이 받은 우승 메달을 거북이 양에게 걸어주는 토끼 씨에게는 어떤 물건이 필요할까요? 그림으로 그리고, 그 이유를 써 보세요.

필요한 물건

이유

2-7 누구를 위하여 눈물을 흘리는가

『100만 번 산 고양이』 사노 요코 지음, 비룡소

마음 열기

이 책의 주인공인 얼룩 고양이를 생각하면 떠오르는 단어를 적어 보세요.

생각 넓히기

1. 얼룩 고양이는 왜 자신이 만난 백만 명의 주인들을 싫어했고, 다시 태어나 죽을 때에도 슬프지 않았을까요?

2. 얼룩 고양이는 하얀 고양이를 만난 이후 달라진 모습을 보입니다. 어떤 변화가 생긴 걸까요? 만나기 전과 후의 얼룩 고양이를 색깔로 표현하고 그 이유를 적어 보세요.

난 백만 번이나 죽어봤다고!	▶	오래 오래 함께 살고 싶다.
색깔		색깔
이유	▶	이유

제2장 자아존중감과 또래관계 향상

3. 아무도 사랑하지 않던 얼룩 고양이에게 필요한 것은 무엇이었을까요?

> 얘들아, 나한테 필요한 건 말이야~

4. 얼룩 고양이는 자신이 사랑하던 하얀 고양이가 죽자, 백만 번이나 눈물을 흘리다가 죽은 뒤에 다시 태어나지 않았습니다. 이것에 대해 어떻게 생각하나요?

자기 적용하기

하얀 고양이가 죽은 날, 얼룩 고양이는 백만 번이나 울다가 죽고는 다시 태어나지 않습니다. 여러분이 얼룩 고양이가 되어 이 날의 그림일기를 써 봅시다.

내 생애 가장 (   )한 날

2-8 존중하는 친구
『두고 보자! 커다란 나무』 사노 요코 지음, 시공주니어

마음 열기

다음 안도현의 시를 읽고 느낌을 말해 봅시다.

'너에게 묻는다' 안도현

너에게 묻는다
연탄재 함부로 발로 차지 마라
너는 누구에게 한 번이라도
뜨거운 사랑이었느냐

생각 넓히기

1. 아저씨가 나무를 대하는 태도에 대해 어떻게 생각하나요?

2. 여러분이 커다란 나무였다면 아저씨가 어떻게 대해주길 바랬을까요?

3. 나무를 베어 버린 후 밑동을 붙잡고 엉엉 우는 아저씨에게 말 주머니를 달아 보세요.

자기 적용하기

1. 아저씨는 나무에 대한 고마움을 모르고 화를 냅니다. 아저씨는 왜 그렇게 행동할 수밖에 없었는지 [내부/외부]의 원인을 생각해 봅시다.

내부/개인적 원인	예) 타고난 기질이 약간 충동적이다
외부/환경적 원인	예) 가족이 없이 혼자 산다.

2. 여러분이 상담심리사라고 생각해 보세요. 아저씨의 어떤 마음을 읽어주면, 평소 화만 내던 아저씨의 마음이 편안해질까요?

3. 안도현의 시 '너에게 묻는다'의 일부분을 패러디하여 나무의 마음을 표현해 보세요

(아저씨)에게 묻는다 / 커다란 나무

4. 여러분은 또래관계에서 존중받지 못해서 마음이 불편한 적이 있었나요? 그 상황을 패러디하여 여러분의 마음을 표현해 보세요.

(   )에게 묻는다 / (   )

5. 나무 밑동에서 새싹이 나오자 아저씨는 정성껏 물을 줍니다. 앞으로 둘은 어떻게 지낼지 상상해서 그려 보세요.

2-9 내가 바라는 친구

『구합니다! 완벽한 애완동물』 피오나 로버튼 지음, 책과콩나무

마음 열기

다음 사진을 보면서 떠오르는 단어들을 적어 봅시다.

출처 : pixabay

생각 넓히기

1. 헨리와 오리가 원했던 것은 각각 무엇이었나요?

헨리	
오리	

2. 등장인물의 행동에 대한 여러분의 생각은 어떤가요?

등장인물	행동	나의 생각
헨리	'완벽한 친구'를 찾는 광고를 함	
	있는 그대로의 오리를 인정하고 '스폿'이라는 이름을 지어줌	
오리	'완벽한 친구'가 되기 위해 강아지로 변장하고 헨리를 찾아감	
	강아지 흉내를 내기 위해 애쓰다가 쓰러짐	

3. 만약 처음부터 오리가 강아지 변장을 하지 않고, 있는 모습 그대로 헨리를 찾아갔다면 어땠을까요?

4. 다른 친구가 원하는 대로 나를 맞추려고 한다면 어떤 어려움이 있을까요?

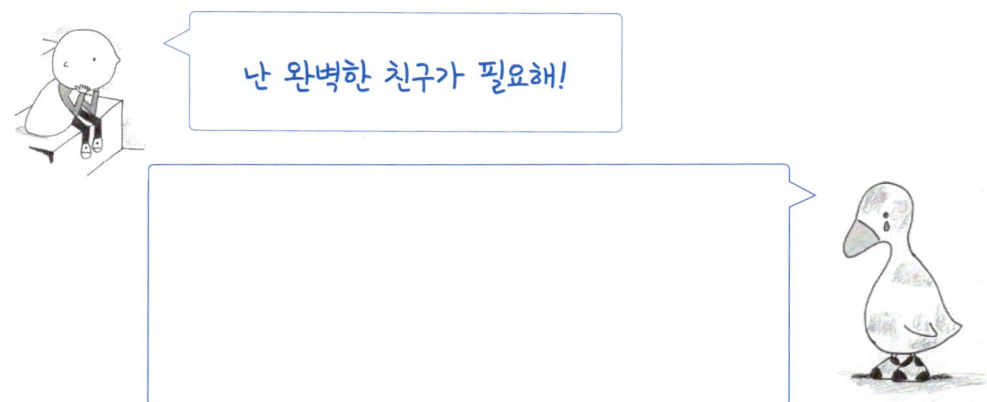

난 완벽한 친구가 필요해!

제2장 자아존중감과 또래관계 향상

자기 적용하기

1. 여러분이 오리라면 헨리의 친구가 되기 위해 어떻게 했을까요? 세 가지만 생각해 보세요.

2. 여러분은 누군가에게 좋은 친구가 되기 위해 애쓴 경험이 있나요?

3. 여러분이 생각하는 진정한 친구는 어떤 사람인가요?

4. 헨리와 스팟이 앞으로도 좋은 친구로 지내기 위해서는 서로 어떤 노력이 필요할까요? 그림으로 표현해 보세요.

2-10 [1차시] 나는 이런 사람이구나!

독서치료 매체 : **조하리의 창 (Johari's Window) (4인 이상)**

마음 열기

여러분을 나타내는 형용사를 세 가지만 떠올려 보세요. 언제 그렇다고 생각합니까?

생각 넓히기

1. 다음 57개 형용사 중에서 자신을 잘 표현한다고 생각하는 형용사 6개를 골라 색연필로 동그라미 표시를 해 보세요.

2. 함께 참여한 다른 사람이 있다면 여러분을 나타내는 형용사 6개를 고르도록 합니다. 이번에는 다른 색연필로 세모 표시를 합니다.

재능 있는 / 내향적인 성격과 외향적인 성격을 모두 갖고 있는 / 솔직한
융통성 있는 / 용기 있는 / 차분한 / 친절함 / 유쾌한 / 영리한 / 취미가 같은
까다로운 / 자신감 있는 / 믿음직한 / 품위 있는 / 활동적인 / 사교적인
우정 어린 / 마음이 넓은 / 행복한 / 도움이 되는 / 이상주의 / 독립적인
독창적인 / 재치 있는 / 내성적인 / 친절한 / 박식한 / 논리적인 / 상냥한
성숙한 / 겸손한 / 신경질적인 / 조심성 있는 / 낙천적인 / 잘 정리된
참을성 있는 / 강력한 / 자신감 있는 / 적극적인 / 생각이 깊은 / 관대한
종교적인 / 민감한 / 철저한 / 자기주장이 강한 / 자의식이 강한 / 실용적인
감정적인 / 수줍어하는 / 어리석은 / 단정하고 멋진 / 자발적인
동정심 있는 / 긴장한 / 믿을 수 있는 / 따뜻한 / 지혜가 있는

출처 : http://duddyman.tistory.com/entry/57-형용사

3. 자신과 다른 사람이 선정한 단어를 놓고 분류 작업을 해 보세요. 서로 겹치는 단어는 모두가 아는 '열린 창(open)' 영역에 포함시킵니다. 이 영역에 속하는 형용사는 몇 개입니까?

4. 자신은 골랐는데 타인은 선택하지 않은 단어는 '숨겨진 창(hidden)'에 포함시킵니다. 이 영역에 해당하는 형용사는 몇 개입니까?

5. 타인은 골랐는데 자신은 선택하지 않은 단어는 '보이지 않는 창(blind)'에 포함시킵니다. 이 영역에 해당하는 형용사는 몇 개입니까?

6. 두 사람 모두 선택하지 않은 단어는 '미지의 창(unknown)'에 포함시킵니다. 이 영역에 해당하는 형용사는 몇 개입니까?

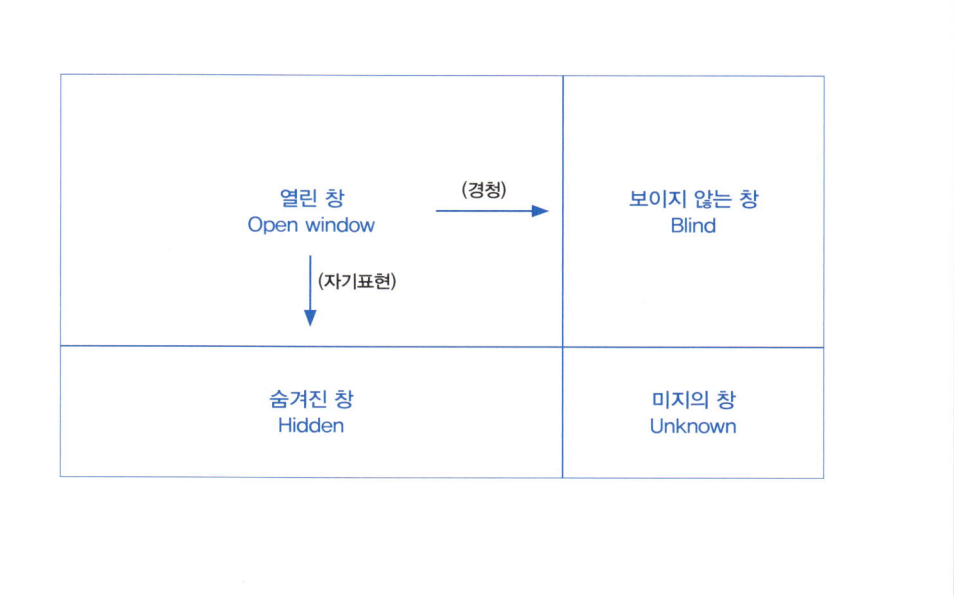

:::tip
Tip. [자기표현] → '숨겨진 창' 줄이기
:::

상대방에게 마음을 열고 내 이야기(자기표현)를 하기 시작하면, 내 마음의 숨겨진 영역은 줄어드는 동시에 열린 공간은 늘어갑니다.

:::tip
Tip. [경청] → '보이지 않는 창' 줄이기
:::

경청을 통해 '나는 그렇게 생각하지 않았는데, 다른 사람은 나를 이렇게 이해하고 있었구나'라고 생각하는 부분에 대해서는 새로운 시도를 해 봅니다.

2-10 [2차시] 나는 이런 사람이구나!

독서치료 매체 : **조하리의 창 (Johari's Window) 응용 활동 (4인 이상)**

마음 열기

여러분을 나타낼 수 있는 대표적인 단어와 이미지를 한 가지씩 떠올려 보세요.

생각 넓히기

1. 다음 영역에 해당하는 이미지를 떠올려보고 단어를 적어 보세요.

나도 알고 타인도 아는 '열린 창(open)' 영역	
나는 골랐는데 타인은 선택하지 않은 '숨겨진 창(hidden)' 영역	
타인은 골랐는데 나는 선택하지 않은 '보이지 않는 창(blind)' 영역	

2. OHP 필름에 각 영역에 해당하는 단어와 이미지를 그려서 가위로 자릅니다. 함께 활동하는 친구들에게도 1~2개씩 그려서 전달합니다.

3. 큰 원이 그려진 OHP 필름에 그림 조각들을 배치한 뒤 붙입니다. '열린 창, 숨겨진 창, 보이지 않는 창'의 영역에 어떤 변화가 있나요?

자기 적용하기

조하리의 창 (Johari's Window) 응용 활동을 한 소감을 발표해 보세요.

제3장

다문화수용성 향상

Bibliotherapy

다문화수용성 향상

복합적인 정체성으로 힘들어요

'2017 교육기본통계'에 따르면 국내 초·중·고등학교에 재학 중인 다문화학생은 10만 9,387명인 것으로 조사되었고, 2020년에는 100만 명에 이른다고 합니다. 학교급별 다문화학생 수는 초등학생의 증가세가 가장 빠르고, 중학생은 865명, 고등학생은 518명이나 되는 것으로 나타났어요.[1] 단일민족 의식이 강한 한국 사회에서 이러한 다른 문화적 배경을 가진 민족과 사람들이 제대로 정착하고 적응 하기란 쉽지 않지요. 일반가정의 청소년과 다른 외모는 물론 사회적 편견, 복합적인 정체성 등은 상당히 부정적 요인으로 작용할 수 있답니다.

다문화사회의 개인은 인종 등 어떤 한 가지 특징에 따른 집단의 소속이라기보다는 성의 차이, 종교와 이념의 차이, 다양한 문화적 차이 등이 서로 연결된 상호작용적 존재라 할 수 있어요. 다양한 문화나 사고방식이 존재함을 인정하고, 서로 다른 문화를 가진 사람들이 다 같이 공존할 수 있도록 돕는 다문화 이해상담과 반편견에 대한 교육이 필요합니다. 2012년 교육부에서는 '다문화학생 교육 선진화 방안'을 제시하여 다문화가정의 고유

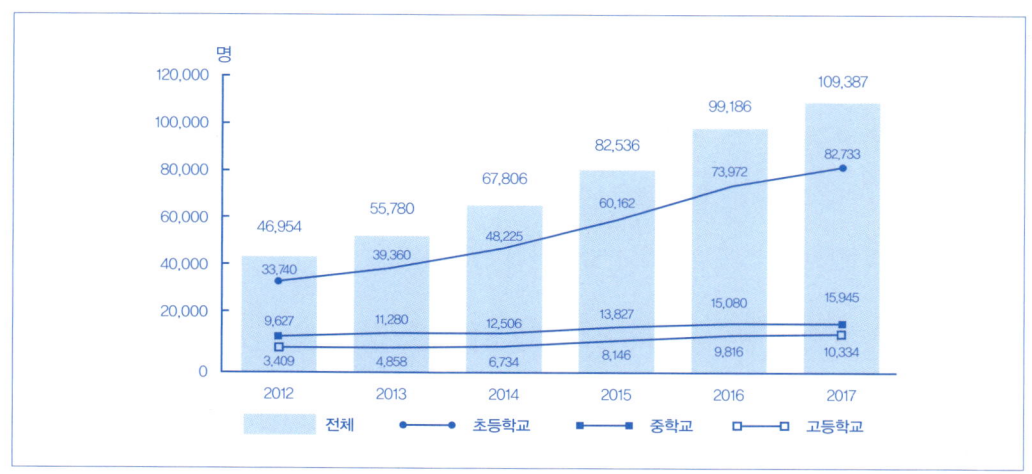

2017년 교육기본 통계. 전체/학교급별 다문화 학생수

문화를 지켜주고 인정해주며 서로의 문화를 존중하고 가치를 인정해주는 태도를 함양시키도록 안내하고 있어요.

다문화교육을 실시할 때는 다문화가정 학생만을 대상으로 하기보다 일반가정 학생을 함께 포함하는 것이 효과적이라고 해요.[2] 이런 경험을 통해 학생들은 타인을 잘 이해하게 됩니다. 또 자기중심성에서 벗어나서 다른 사람의 시각에서 자신을 바라보며 다른 사람과 원만한 관계를 형성할 수 있으니까요.[3] 아주 어린 아이들도 피부색, 언어, 성, 신체적 능력의 차이를 인식하기 때문에 다문화교육은 어린 연령부터 시작하는 게 좋답니다.

강점 중심으로의 관점 전환이 필요해요

자아정체감을 형성해야 할 중요한 청소년 시기에 그들이 가진 문제와 병리적인 측면을

---

1) 통계청. (2015). 국가통계포털.
2) 조윤동, 강은주, & 고호경. (2013). 2011년 수학과 국가수준 학업성취도 평가에서 나타난 다문화·탈북 가정 학생의 학교급별 성취 특성 분석. *학교수학*, *15*(1), 179–199.
3) 장한업. (2015). 유네스코의 교육적 관점의 변화 연구. *교육의 이론과 실천*, *20*(1), 113–131.

강조하는 '문제 중심적 관점'은 이제 지양해야 해요. 이들의 자원과 보호요인 및 강점에 초점을 두는 '강점 중심의 관점'으로 전환하는 것이 좋아요.[4] 다문화학생이 자신의 긍정적이며 복합적인 정체성을 확립하고 잠재역량을 키워나갈 때 그 미래가 밝고 역동적일 수 있거든요. 최근 상담학계에서도 상담 과정에서 문화적 요소를 강조한 다문화상담에 대한 연구들이 활발하게 이루어지고 있답니다.[5]

또래관계와 언어발달에 도움이 필요해요

다문화 가정 아동들은 일반가정의 아동들이 거치는 아동 발달 단계에 이중 언어 및 문화, 부모의 다른 국적, 또래와 다른 외모나 차이 등으로 인한 정체성 혼란까지 겹치면서 학교생활에 적응하는데 많은 어려움을 겪고 있어요. 학업부진과 집단 따돌림으로 정서적인 어려움을 경험하기도 하지요. 다문화가정 아동들은 이러한 환경적인 요인 때문에 부정적이고 낮은 자아 개념을 형성하기 쉽답니다. 그리고 열등감이나 소외감, 자신감의 결여로 대인관계에 있어서도 소극적인 자세를 취하거나 공격성, 분노 폭발 등의 정서·행동문제를 보일 수 있어요.[6]

다문화가정 학생이 겪는 가장 큰 어려움은 언어발달의 지연입니다.[7] 여성가족부에서는 2009년부터 전국 다문화가족지원센터를 중심으로 언어발달지원서비스를 제공해 오고 있습니다. 언어발달 지연은 기초학력 미달 또는 학습부진으로 이어지므로 아동의 자신감을 키워주고 자발적 동기를 키워주는 지원이 필요합니다. 독서치료는 아동·청소년에게 어휘력과 문해력을 키워주고 또래와의 소통에도 긍정적인 영향을 끼칩니다.

다문화가정의 자녀교육에 대한 부모의 관심이 높을수록 문해력 발달뿐만 아니라 학업성취도, 교우관계, 학습태도 등 학교생활 전반이 원만하다고 합니다. 다문화가정 부모를 대상으로 시기별 자녀 교육, 자녀 특성을 고려한 맞춤형 부모교육이 꼭 필요합니다. 자녀 교육에 대한 관심이 많을수록 학생들의 학교 적응도 수월해지거든요. 한국어에 익숙하지 않은 이주배경 부모에게 쉬운 그림책과 다양한 활동을 포함하는 독서치료는 매우 효과적이랍니다.

다문화수용성은 다민족·다문화 사회로의 변화를 긍정적인 것으로 받아들이고 다양한 민족과 인종의 공존이라는 사회적 가치를 지지하는 태도를 말합니다.[8] 다문화가정과 일반가정 학생을 함께 프로그램에 참여시키면 서로 공감하는 경험을 통해 편견이 감소하게 되지요.[9] 다문화를 접한 경험이 많을수록 다양한 문화에 대한 의사소통 능력이 높아지는 것은 자연스러운 일이겠지요. 학교 안에서는 물론 학교 밖에서 이루어지는 다문화 이해 교육 및 다문화 활동이 활성화되는 것이 중요해요. 무엇보다 학생들을 만나는 교사와 상담교사의 다문화에 대한 열린 마음과 태도, 긍정적인 상호작용, 지지적인 분위기가 중요하답니다.

---

4) 장용희. (2018). 중·고등학생의 임파워먼트와 관련변인들 간의 구조적 관계분석. *교육종합연구*, *16*(1), 23-40.
5) 이수진, & 김현주. (2016). 중도입국청소년의 가족경험에 대한 현상학적 연구. *청소년학연구*, *23*(5), 205-235.
6) 박주희, & 남지숙. (2010). 다문화아동의 언어발달과 심리사회적 적응. *한국청소년연구*, *21*(2), 129-152.
7) 박순길, 조증열, & 박선희. (2014). 취학전 다문화가정, 농촌, 도시 아동의 문식성 및 인지 언어적 발달 비교. *언어치료연구*, *23*, 33-46.
8) 황정미. (2010). 한국인의 다문화 수용성 분석. *아세아연구*, *53*(4), 152-184.
9) 김미진. (2010). 아동의 다문화 수용성 척도개발에 관한 연구. 고려대학교 대학원 박사학위논문.

다문화수용성 향상 프로그램

No	주제	매체	내용
1	내 이름엔 어떤 의미가 있을까	내 이름이 담긴 병 (The name jar) / 마루벌	미국으로 이민 간 은혜가 미국 이름을 짓기 위해 고민하다 주변의 도움으로 정체성을 탐색하는 이야기입니다.
2	소중한 나를 발견해요	난 내 이름이 참 좋아 (Chrysanthemum) / 비룡소	특이한 이름으로 놀림을 당하던 아이가 부모님과 선생님의 도움으로 자신감을 얻고 자기 이름에 애정을 가지게 됩니다.
3	자아정체성을 탐색해요	빨강: 크레용의 이야기 (Red- A Crayon's Story) / 봄봄	강요된 정체성으로 혼란을 겪던 빨간 옷을 입은 파란 크레용의 고군분투기를 보여줍니다.
4	나를 사랑해요	앵무새 해럴드 (Harold Finds a Voice) / 봄봄	늘 다른 사물의 소리를 따라하던 앵무새 해럴드가 자신만의 소리를 찾아 나서는 유쾌한 이야기입니다.
5	쉽게 판단하지 않아요	일곱 마리 눈먼 생쥐 (Seven Blind Mice) / 시공주니어	눈먼 생쥐들의 행동을 통해 참된 지혜는 전체를 보는 데서 온다는 것을 배웁니다.
6	우린 서로 개성이 달라요	프레드릭 (Frederic) / 시공주니어	프레드릭과 친구들을 통해 다른 사람의 개성을 인정하고 존중해주는 법을 배웁니다.
7	시선을 바꿔 보아요	위를 봐요! / 은나팔	교통사고로 걷지 못해 혼자 지내는 수지는 늘 옥상에서 아래를 내려다봅니다. 길 가던 아이가 어떻게 친구가 되어 줄까요?
8	틀린 게 아니라 다른 거예요	우린 모두 기적이야 (We're All Wonders) / 책과콩나무	남과 다른 생김새 때문에 상처받은 아이가 마음을 위로받고 상처를 극복하는 과정을 이야기합니다.
9	달라서 더 친할 수 있어요	얼굴 빨개지는 아이 (Marcellin Callon) / 별천지	장 자끄 상뻬의 멋진 그림책으로 서로의 단점까지 이해하는 진정한 친구에 대해 생각해 봅니다.
10	용기를 내봐요	일어나요 로자 (Rosa) / 웅진주니어	1950년대 흑인 인권을 위해 용기를 보여준 로자 파크스를 통해 인권의 소중함을 느껴 봅니다.

3-1 내 이름엔 어떤 의미가 있을까

『내 이름이 담긴 병 (원제: The name jar)』 최양숙 지음, 마루벌

> 아버지가 인도 국적인 니르말은 중학교 1학년인 다문화가정 학생입니다. 한국에 온지 5년이 지났지만 한국어가 능숙하지 않아서 수업 내용을 잘 이해하지는 못합니다. 그런데 니르말은 수학을 잘하고 사교성이 좋아서 친구가 많은 편입니다. 친구들에게 교복에 새겨진 자신의 이름을 가리키며, 산스크리트 어로 'clean, pure'란 뜻이라며 자랑스럽게 소개합니다.
>
> 다문화수용성을 위한 독서치료 시간에 학생들은 서로의 이름에 담긴 의미를 소개하면서 친밀감을 느낄 수 있었습니다. 니르말은 『내 이름이 담긴 병』의 주인공 은혜를 보면서 어떤 기분인지 알겠다고 합니다. 자신도 한국 학교에 적응하느라 어려움이 많았다면서, 주인공이 할머니가 지어주신 은혜라는 이름을 잘 간직하면 좋겠다고 합니다.

1. 매체 소개
한국을 떠나는 날 할머니는 은혜 이름이 새겨진 도장을 쥐어 줍니다. 미국으로 이민 간 은혜는 자신의 한국 이름을 제대로 발음하지 못하는 미국 친구들 때문에 당황합니다. 할머니가 지어주신 '은혜를 베푼다'는 좋은 이름이지만, 어떤 이름으로 정할지 걱정을 하게 되지요. 은혜는 같은 반 친구들과 김씨 아저씨의 도움으로 드디어 선택을 합니다. 『내 이름이 담긴 병』은 작가 최양숙 씨의 어린 시절 미국에서의 성장 이야기를 쓴 책입니다. 2002년 국제독서협회 Teacher's Choice로 선정된 책이며, 2002년 시카고 공립도서관 선정 Best of Best입니다.

2. 목표
- 주인공이 이민 사회에 적응하는 과정에서 겪는 어려움을 이해한다.
- 자신의 소중한 이름의 의미와 정체성에 대해 생각한다.

3. 준비물
책, 색연필

4. 진행순서 [워크시트 210p]
1) 책의 내용을 떠올리면 생각나는 색깔과 느낌을 표현하게 한다.
2) 이민 사회에서 겪을 수 있는 정체성 문제에 대해 생각하게 한다.
3) 미국식 이름을 선택했을 때의 장단점을 생각하게 한다.
4) 자신의 이름으로 삼행시 또는 사행시를 짓고, 그림으로도 표현하게 한다.
5) 주인공의 입장이 되어 편지를 쓰면서 자신의 이름에 자부심을 갖도록 한다.

5. 수업 사례

◆ 자기 적용

1. 여러분이 은혜라면 어떤 이름을 선택했을까요? 그 이유를 말해보세요.

   | 최anna | 한국이름도되고 영어님도 쉽게 기억할수있어서 | |

2. 여러분은 자신의 이름에 대해 어떻게 생각하나요?
   예 푹시, 빛달빈 — 네푹면 빛난다 ⇒ 맞지 내가 네푹였어 북도삭고 외적으로도 배우어야할때도요아서

3. 여러분의 이름으로 삼행시(사행시)를 짓고, 이름의 의미를 그림으로 표현해 봅시다.

유	유시현은
시	시험볼때
현	현기증이난다.

Tip. 정체성 탐색과 관련된 책

『고슴도치 아이』 카타지나 코토프스카 지음, 보림
『기러기 (원제: Goose)』 몰리 뱅 지음, 마루벌
『내 이름은 윤이에요』 헬렌 레코비츠 글, 가비 스비아트코브스카 그림, 배동바지
『사랑해 너무나 너무나 (원제: And Tango Makes Three)』 저스틴 리처드슨, 피터 파넬 글, 헨리 콜 그림, 담푸스
『새로운 가족을 찾아주세요! (원제: Help A Hamster)』 힐러리 로빈슨 글, 맨디 스탠리 그림, 지혜정원
『우리에게 온 특별한 아기 (원제: Stora Bebisbytet)』 페테르 리드벡 글, 리센 아드보게 그림, 어린이작가정신
『한국에서 부란이 서란이가 왔어요! (원제: Här kommer Bu-ran och Seo-ran från Korea)』 요란 슐츠, 모니카 슐츠 지음, 고래이야기

3-2 소중한 나를 발견해요

『난 내 이름이 참 좋아 (원제: Chrysanthemum)』 케빈 헹크스, 비룡소

강산이는 이름으로 고민을 많이 하는 5학년 남학생입니다. 성이 다름 아닌 금씨거든요. 유치원 때부터 누구나 한번 들으면 기억하는 이름이라서 불편한 점이 많았다고 해요. 친구들이 "금강산 찾아가자, 일만이천 봉~"하면서 놀릴 때마다 주먹질하는 것도 이젠 지쳤습니다. 이름을 지어주신 할아버지와 부모님을 수없이 원망했지요. 그런데 5학년이 되어 역시 이름으로 놀림을 받던 '변기영'이라는 친구와 같은 반이 되자 둘은 급격히 친해졌어요.

이 책을 읽은 강산이는 "아휴~, 얘도 저처럼 많이 울었겠네요~."하면서 한숨을 쉽니다. 누군가 자신과 비슷한 고민을 하는 이가 또 있다는 사실은 참 위로가 되는군요.

1. 매체 소개
칼데콧 상 수상자 케빈 헹크스의 『난 내 이름이 참 좋아』는 이름 때문에 고민하는 아이들을 위한 그림책입니다. 크리샌써멈Chrysanthemum은 자신의 이름을 참 좋아하던 아이였는데 학교에 들어가자 특이한 이름으로 놀림을 당하게 됩니다. 부모님의 사랑으로 힘든 시간을 잘 견디고, 새로 오신 선생님 덕분에 아이를 괴롭히던 친구들도 꽃 이름으로 불러달라고 하는 장면이 귀엽습니다. 자신의 이름에 자부심을 갖고 소중함을 느끼게 도와주는 그림책입니다.

2. 목표
- 독특한 이름으로 놀림 받던 주인공에게 힘이 되어준 어른들을 살펴본다.
- 자신의 이름에 담긴 의미를 알고 소중함을 느낀다.

3. 준비물
책, 색연필, 유튜브 동영상 자료 유엔본부 BTS '7분 연설'

4. 진행순서 [워크시트 213p]
1) 자신의 이름의 자음과 모음을 각각 다른 색으로 정성껏 써보고 느낌을 말한다.
2) 주인공이 힘들 때 지지해준 어른들의 모습을 살펴본다.
3) 자신의 이름이 좋은 이유를 탐색하도록 안내한다.
4) '나는 내가 좋다'의 모방시를 지으며 자신의 소중함을 표현한다.
5) 유엔본부에서 연설한 BTS의 연설문을 읽고 느낀 점을 말한다.

5. 수업 사례

나는 내가 좋다
네모

나는 내가 좋다.
머리숱이 적당해 탈모 걱정 없고
시력이 좋아 안경을 안 쓰고
밥 잘 먹고, 아침마다 화장실을 가는 내가
나는 좋다.

나는 내가 좋다.
매일 아침 건강하게 출근하고
나의 삶을 내 손으로 꾸려가며
맡은 일을 책임감 있게 해내는 내가
나는 참 좋다.

나는 내가 좋다.
사람들의 아픈 마음을 잘 이해하고
그 사람의 삶이 행복하길 진정으로 바라며
그 사람의 이야기를 진지하게 들어주는 내가
나는 매우 좋다.

나는 내가 좋다.
실수도 많이 하고
잘 하는 것도 많지 않지만
그래도 나는 내가 좋다.

나는 내가 무조건 좋다.

> **Tip.** 독서치료에 자주 사용되는 케빈 헹크스의 작품

『우리 선생님이 최고야!』 비룡소
『웬델과 주말을 보낸다고요?』 비룡소
『내 사랑 뿌뿌』 비룡소
『체스터는 뭐든지 자기 멋대로야』 비룡소

3-3 자아정체성을 탐색해요
『빨강: 크레용의 이야기 (원제: Red-A Crayon's Story)』 마이클 홀 지음, 봄봄

"여러분을 나타내는 색깔은 무엇인가요?"
정체성을 탐색하는 시간에 학생들에게 물어보니 저마다 이유가 다양합니다. 평소에 분노가 많아서 빨간색이다, 성격이 쿨해서 파란색이다, 자기는 뭔가 특이하고 신비한 색깔이고 싶어서 마젠타 색깔이다…. 언어가 색깔을 만나면 좀 더 다채롭고 풍성해집니다. 타인에게 규정지어진 내 모습의 틀을 거두어 '나는 어떤 모습이고 싶은지, 어떤 색깔을 내뿜는 사람이고 싶은지, 어떤 욕구와 소망이 담겨 있는지'를 탐색하는 학생들의 얼굴에 웃음꽃이 핍니다.

1. 매체 소개
빨강이는 아무리 노력해도 빨간색 그림을 그리지 못합니다. 주변에서는 도와주기도 하고, 게을러서 그렇다고 핀잔을 주기도 합니다. "그냥 한번 해 봐!" 라는 자두의 한 마디에 새로운 도전을 합니다. 지금껏 늘 주눅이 들어 있던 빨강이는 드디어 자신이 옷을 잘못 입은 파란 크레용이었다는 것을 알게 됩니다. 강요된 정체성으로 혼란을 겪던 빨간 옷을 입은 파란 크레용의 고군분투기를 볼 수 있는 그림책입니다.

2. 목표
- 강요된 정체성으로 혼란을 겪던 주인공의 어려움을 이해한다.
- 나는 어떤 색깔이고 싶은지를 표현하며 정체성을 탐색한다.

3. 준비물
책, 색연필

4. 진행순서 [워크시트 218p]
1) 자신을 생각하면 떠오르는 색깔을 표현한다.
2) 빨강이를 대하는 주변 사람들의 반응을 적는다.
3) 주변 인물들의 대안반응을 적으면서 문제해결 능력을 키운다.
4) 나라면 언제부터 정체성에 대한 탐색을 시작했을지 찾아본다.
5) 자신의 정체성과 욕구를 색깔로 표현해본다.

5. 수업 사례

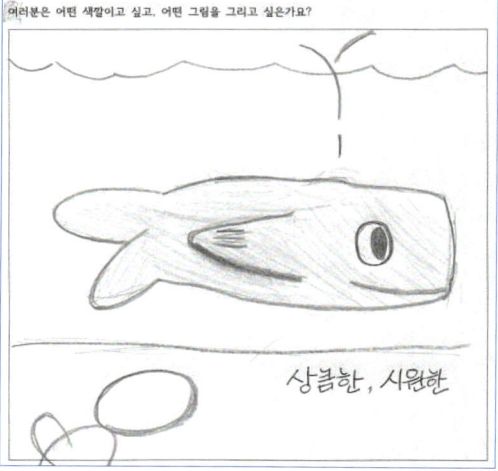

3-4 나를 사랑해요

『앵무새 해럴드 (원제: Harold Finds a Voice)』 코트니 딕마스 지음, 봄봄

인도에서 온 모함앗은 한국에 온 지 벌써 10년이 넘었어요. 부모님의 사랑 덕분에 축구를 좋아하는 중학생으로 활발하게 지내고 있지요. 그런데 한국 생활 4년차인 마리타는 상황이 다릅니다. 가구 공장에서 일하시는 부모님은 학교생활에 관심을 가져 줄 시간이 별로 없다고 합니다. 등하교 시간에는 검정색 마스크를 쓰고 다니는데, 말수가 적고 감정을 드러내지 않아서 친한 친구가 별로 없지요. 한글이 너무 어려워서 학업을 따라가기가 어렵다고 합니다. 다문화가정 청소년들은 이러한 환경적인 요인으로 인하여 부정적이고 낮은 자아 개념을 형성하기 쉽고, 열등감이나 소외감, 자신감의 결여로 대인관계에 있어서도 소극적인 자세를 취하거나, 정서·행동문제를 보일 수 있어요. 어떻게 하면 이 친구들의 마음의 소리를 들을 수 있을까요? 나무자석에 그림을 그리는 노작활동을 통해 성취감을 느끼게 할 수 있답니다.

1. 매체 소개
학교생활과 또래관계에서 소외감을 느끼는 다문화가정 청소년들에게 자신과 주변 사람들을 향하여 어떻게 '자신만의 소리'를 낼 수 있을지 도와주는 그림책입니다. 주인공 해럴드는 소리에 관심이 많은 앵무새입니다. 집안에서 나는 모든 소리를 잘 따라했지요. 호기심 많은 해럴드는 넓은 바깥 세상에서 새로운 소리를 듣게 됩니다. 그러다 아직 자신만의 소리가 없는 것을 깨닫고, 생전 처음으로 자신만의 목소리로 외칩니다. "롸아악~~!"

2. 목표
- 자신만의 소리를 내고 싶어 하는 앵무새처럼 자신의 목소리를 표현해본다.

3. 준비물
책, 색연필, 나무자석에코샵홀씨, 사포, 양초, 드로잉 펜

4. 진행순서 [워크시트 221p]
1) 내가 앵무새라면 어떤 소리를 내고 싶은지 생각해 본다.
2) 마음에 드는 장면을 골라 다듬은 나무자석에 그린다.
3) 색연필로 칠하고 양초로 코팅한다.
4) 작품을 만들면서 느낀 점을 발표한다.

> **Tip.** 나무자석 구입 : 에코샵홀씨 http://www.wholesee.com/goods

5. 수업 사례

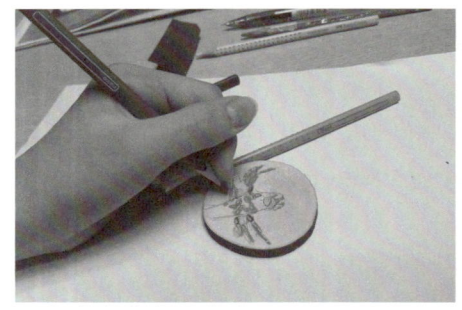
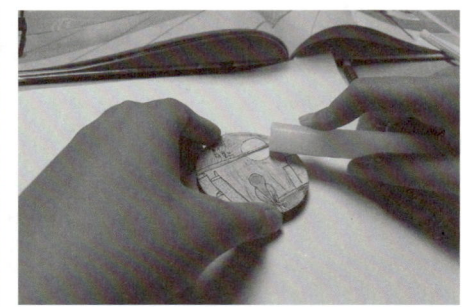

나무자석 만드는 방법

1) 그림책에서 마음에 드는 장면을 고른다.
2) 나무자석의 윗면을 사포로 살짝 다듬어 부드럽게 한다.
3) 연필로 밑그림을 그리고 색연필로 칠한다.
4) 드로잉 펜으로 테두리를 깔끔하게 마무리한다.
5) 양초 뒷부분으로 그린 부분을 문지른다.
6) 양초를 켜서 고정시킨 뒤, 나무를 돌려가며 코팅한다.
7) 작품을 만들면서 느낀 점을 발표한다.
8) 나는 어떤 소리를 내고 싶은지 발표한다.

3-5 쉽게 판단하지 않아요

『일곱 마리 눈먼 생쥐 (원제: Seven Blind Mice)』 에드 영 지음, 시공주니어

> 학생들과 독서치료 수업을 하다보면 상대방의 옷차림이나 말투, 글씨체, 외모 등으로 놀리거나 이미 다 알고 있는 것처럼 말하는 상황을 종종 보게 됩니다. 6학년 학생들과 함께 『일곱 마리 눈먼 생쥐』를 읽고 재미있는 퍼즐 꾸미기를 해 보았어요. 퍼즐 조각에 자신을 나타낼 수 있는 정보를 정성껏 꾸민 뒤, 몇 가지 조각으로 자신을 다 안다고 말할 수 있는지를 생각해 보는 거죠. 학생들은 독후활동을 하면서 책의 주제를 좀 더 명확하게 이해하게 되었답니다.

1. 매체 소개
중국계 미국 작가인 에드 영Ed Young의 동양적인 일러스트로 표현한 그림책입니다. 일곱 마리의 눈먼 생쥐들은 연못가에서 커다란 사물을 발견하고 그 정체를 밝히기 위해 한 마리씩 정찰을 다녀옵니다. 부분을 만지고 온 생쥐들은 저마다 기둥, 뱀, 창, 부채라고 하지요. 그런데 하얀 생쥐는 한 곳에 머무르지 않고 전체를 살펴봅니다. 인도의 설화를 바탕으로 한 이 이야기는, 부분만 알고서도 아는 척할 수는 있지만 참된 지혜는 전체를 보는 데서 나온다는 교훈을 줍니다. 동양의 분위기를 풍기는 닥종이를 사용한 콜라주 기법이 인상적입니다.

2. 목표
- 다른 사람을 쉽게 판단하지 않는 태도의 중요성을 생각한다.
- 종이퍼즐에 자신에 대해 꾸미고, 타인에게 어떻게 이해받고 싶은지 표현한다.

3. 준비물
책, 유성 싸인펜12색, 종이퍼즐26~28조각

4. 진행순서 [워크시트 224p]
1) 부분으로 전체를 쉽게 판단한 적이 있는지 경험을 나눈다.
2) 종이퍼즐 조각에 자신에 대한 많은 정보를 담도록 한다.
3) 글자, 이미지, 색깔을 골고루 표현하도록 한다.
4) 퍼즐을 꾸민 느낌을 나누고, 다른 사람에게 어떻게 이해받고 싶은지 발표한다.

> **Tip.** Sand Art 동영상 : 이범재의 샌드 스토리 https://www.youtube.com/watch?v=9CyP9U6qRzU

5. 수업 사례

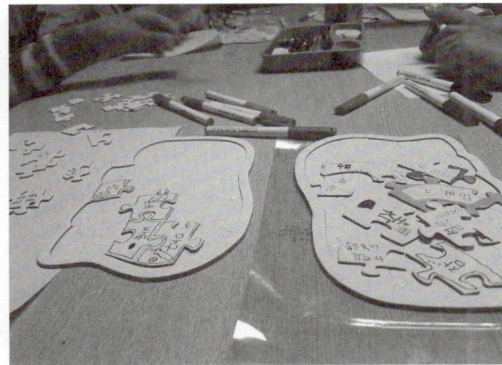

> **Tip.** 에드 영(Ed Young)의 작품

『늑대 할머니』 길벗어린이
『황제와 연』 다산기획
『잃어버린 말』 시공주니어

3-6 우린 서로 개성이 달라요

『프레드릭 (원제: Frederic)』 레오 리오니 지음, 시공주니어

> 예랑이는 5학년 또래 여학생들처럼 아이돌이나 SNS에 관심이 없어요. 어릴 때부터 인형 대신 사슴벌레, 거북이, 고슴도치, 이구아나를 키웠답니다. 과학실험대회와 미술대회에서 상을 휩쓸어 오지만, 점심시간에 함께 밥 먹을 친구가 없습니다. 엄마는 쉬는 시간에 혼자 책을 보고, 학교를 오고갈 때 혼자서 다니는 딸을 보며 걱정을 하는데, 정작 본인은 아무렇지도 않다고 해요.
>
> 예랑이는 같은 반 여학생들이 『프레드릭』에 나오는 들쥐 가족들에게 배워야 한다고 합니다. 겉으로는 괜찮은 척 했지만, 자기들과 취미가 다르다고 어울리지 않는 여자애들에게 많이 서운했나 봅니다. 이 책을 읽으며 예랑이는 프레드릭을 똑같이 그려냈고, 감수성이 풍부한 노래 가사를 만들어 냈답니다. 나름의 개성이 뚜렷한 예랑이의 멋진 모습을 볼 수 있었답니다.

1. 매체 소개
칼데콧 아너상을 네 번이나 수상한 레오 리오니는 『프레드릭』을 통해 자기의 색깔과 개성에 대해 이야기합니다. 다른 들쥐 가족들이 열심히 곡식을 모으는 동안 그는 햇살과 색깔, 이야기를 모읍니다. '개미와 베짱이'와는 달리, 들쥐들은 프레드릭이 하는 일을 인정해 줍니다. 그의 상상력을 믿어준 덕분에 들쥐들의 겨울은 따뜻하고 풍요로워집니다. 이 책은 1967년 뉴욕타임스 올해의 그림책에 선정되었고, 1968년 칼데콧 아너상을 수상하였습니다.

2. 목표
- 프레드릭과 친구들을 통해 다른 사람의 개성을 인정하고 존중해주는 법을 배운다.
- 노래 가사 만들기를 하면서 독서치료의 즐거움을 느낀다.

3. 준비물
책, 색연필

4. 진행순서 [워크시트 226p]
1) 다양성과 개성을 나타내는 이미지로 활동 준비를 한다.
2) 주인공을 대하는 주변 인물들의 반응을 비판적으로 탐색한다.
3) '개미와 베짱이'와 비교하면서 각 등장인물을 대하는 태도를 비교한다.
4) 개성 존중의 필요성을 생각한다.
5) '너의 의미' 노래에 맞춰 가사를 바꾸어 불러본다.

5. 수업 사례

너의 의미	⇒ 프레드릭
작사: 김한영, 작곡: 김창완 / 개작: (신지현)	
너의 그 한 마디 말도	그 웃음도 나에겐 커다란 의미
너의 그 한마디 말도	그 미소도 나에겐 따뜻한 난로
너의 그 작은 눈빛도	쓸쓸한 뒷모습도 나에겐 힘겨운 약속
너의 그 작은 눈빛도	부드런 목도리도 나에겐 아련한 추억
너의 모든 것은 내게로 와	풀리지 않는 수수께끼가 되네
여름날의 햇빛 내게로 와	기나긴 겨울을 덮어 주네
슬픔은 간이역의 코스모스로 피고	스쳐 불어온 넌 향긋한 바람~
사랑도 이야기도 모두 떨어져도	프레드릭 너만 있음 우린 행복해~
나 이제 뭉게구름 위에 성을 짓고	널 향해 창을 내리~ 바람 드는 창을~
나 이제 눈을 감고 꿈을 꾸려 하네	양귀비 핀 언덕의~ 푸른 하늘을~
너의 그 한 마디 말도	그 웃음도 나에겐 커다란 의미
너의 그 한마디 말도	이야기도 나에겐 커다란 위안
너의 그 작은 눈빛도	쓸쓸한 뒷모습도 나에겐 힘겨운 약속
너의 그 작은 눈빛도	수줍은 그 미소도 나에겐 포근한 담요

> **Tip.** 칼데콧 아너상을 수상한 레오 리오니의 작품

『꿈틀꿈틀 자벌레』 파랑새 (1961)
『으뜸 헤엄이』 마루벌 (1964)
『새앙쥐와 태엽쥐』 마루벌 (1970)

> **Tip.** 다양한 독후활동

- 등장인물에게 편지쓰기
- 뒷이야기 상상하기
- 독서 퀴즈 만들기
- 취재문 작성하기
- 비평 글쓰기
- 입장 바꿔 생각하기
- 찬성/반대 토론하기
- 줄거리를 시로 표현하기
- 모방시 짓기
- 노래가사로 바꾸기
- 다른 이야기 속 주인공과의 만남
- 등장인물 인기투표하기
- 영화/드라마 주인공과 비교하기

- 인상적인 장면 그리기
- 뒷이야기 상상화 그리기
- 6장면 만화 그리기
- 마인드 맵 그리기
- 영화 포스터 만들기
- 주인공에게 상장주기
- 등장인물에게 필요한 선물 주기
- 공익광고 만들기
- 책갈피 꾸미기
- 걸개그림 그리기
- 돌멩이에 주인공 그리기
- 스케치북 그림으로 스피드 게임 하기

- 제목 삼행시(O행시) 짓기
- 주인공의 인생 곡선
- 제목 바꾸기
- 점토로 등장인물 만들기
- 역할극 하기
- Book Art 만들기
- 책 놀이판 만들기
- 과자로 만드는 이야기 나라
- 유튜브로 동영상 찍기

3-7 시선을 바꿔 보아요

『위를 봐요!』 정진호 지음, 은나팔

> 6학년 상현이에게는 발달장애가 있는 두 살 위의 형이 있어요. 형의 가방을 챙겨주고, 특수학교 버스에 배웅나가는 걸 도와주고 있답니다. 사실 상현이는 학급 회장도 하고 싶고, 여행도 가고 싶지만 형을 챙기느라 바짝 마른 엄마를 보면 말을 할 수 없다고 해요. 학교에서도 조용히 지내느라 스트레스가 많이 쌓여 있었지요. 상현이 같은 비장애 자녀는 대인관계적 학교적응에 문제가 있는 경우가 많아요. 이때는 부모와의 애착을 탐색해서 부모-자녀 관계를 개선하고, 장애형제와 관련되어 갖게 되는 가정안에서의 부담요인을 조절하는 것이 효과적이라고 해요.[10]
>
> 상현이는 『위를 봐요!』의 수지가 걷지 못해 답답한 건 알겠지만, 마음대로 놀러다니지 못하는 가족들도 비슷할 거라고 합니다. 책에는 등장하지도 않는 가족들에게 자신을 투사하고 있었어요. 장애우의 입장이 되어 찍어온 사진에 '날고 싶다'라는 제목을 달았답니다.

---

10) 박은주. (2017). 모의 장애자녀 양육의 사회적 스트레스와 비장애자녀의 대인관계적 학교생활적응의 관계: 비장애자녀가 지각한 모애착과 장애형제 관련 가정부담의 매개효과. 서강대학교 교육대학원 석사학위논문.

1. 매체 소개
교통사고로 다리를 잃은 수지는 밖에 나가지 못하고, 늘 창문에서 아래를 내려다봅니다. 위에서 내려다본 풍경은 개미같이 작고, 사람들의 머리만 보입니다. 그때 길 가던 아이가 문득 물어봅니다. "너, 뭐 하니?" 그리고는 바닥에 드러누워 위를 바라봅니다. 무채색이던 수지의 마음에 드디어 색상이 생겨나기 시작합니다. 건축학을 전공한 정진호 작가는 세상을 건축 평면도의 모습으로만 볼 수 밖에 없는 아이가 있다면 어떨까라는 생각을 했고, 그것이 그림책으로 이어졌다고 합니다. 장애를 가진 사람의 마음을 생각하게 하는 책으로, 2015년 볼로냐 가라치상 Opera Prima-Special Mention을 수상했습니다.

2. 목표
- 새로운 각도에서 세상을 바라보며 감수성을 키운다.
- 장애를 가진 아이의 입장에서 세상을 바라보며 공감능력을 키운다.

3. 준비물
색연필, 단편영화 〈여섯 개의 시선 – 대륙횡단〉

4. 진행순서 [워크시트 229p]
1) 이제석의 공익광고를 보면서 장애인의 입장이 되어 본다.
2) 걷지 못해 누워만 있는 주인공 수지의 입장이 되어 본다.
3) 단편영화 '대륙횡단'을 보면서 주인공의 입장이 되어 본다.
4) 장애를 가진 사람의 입장을 이해하고 공감하도록 안내한다.

5. 수업 사례

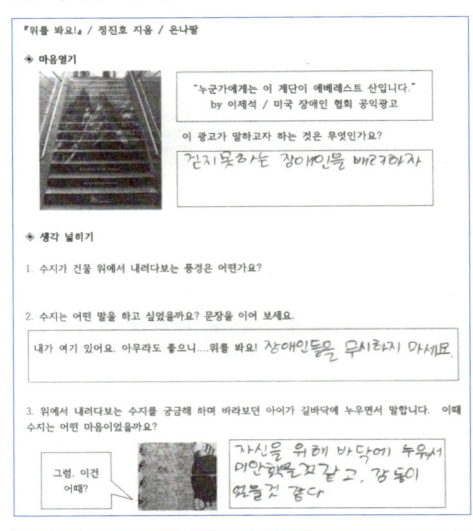
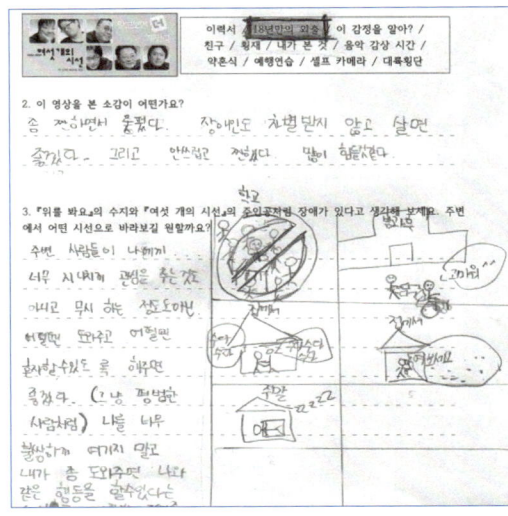
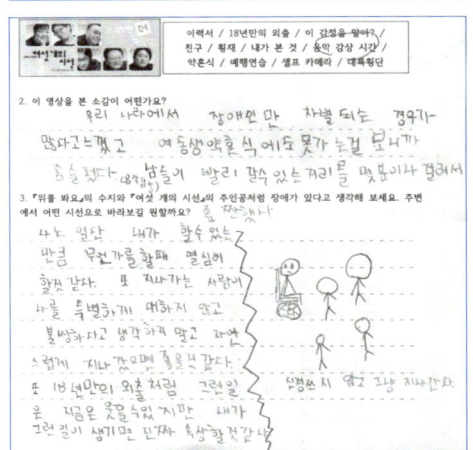
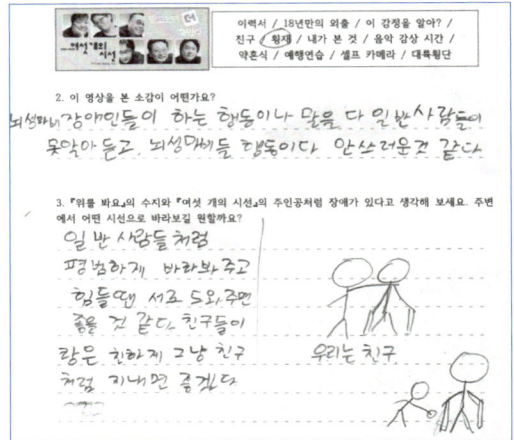

Tip. 함께 읽으면 좋은 책

『아나톨의 작은 냄비 (원제: La Petite Casserole d'Anatole)』 이자벨 카리에 지음, 씨드북

『병하의 고민』 조은수 지음, 양철북

『혼자가 아니야 바네사 (원제: I Walk With Vanessa : A Story About a Simple Act of Kindness)』
케라스코에트 지음, 웅진주니어

『팬티 입은 늑대 (원제 : Le Loup En Slip)』 윌프리드 루파노 글, 마야나 이토이즈 그림, 키위북스

3-8 틀린 게 아니라 다른 거예요

『우린 모두 기적이야 (원제: We're All Wonders)』 R. J. 팔라시오, 책과콩나무

> 6학년 승현이는 친구들의 얼굴을 쳐다보지 않고 말을 하는 수줍음이 많은 학생입니다. 한 여름에도 긴 앞머리를 뒤로 넘기지 않습니다. 유치원 졸업사진을 찍는 날에는 결석을 했지만, 초등학교 졸업 사진을 찍는 날이 다가오자 자꾸 배가 아프다며 학교를 빠집니다. 가만히 바라보니 오른쪽 뺨 전체에 점이 있어서 썬크림을 두텁게 바르고 있더군요. 갸름하고 예쁜 쌍꺼풀을 가진 그 아이에게 상당한 스트레스를 줄만 했습니다.
> 엄마 말로는 영화 <원더>의 훈훈한 결말을 보면서도 승현이가 웃지 않았다고 해요. 아직도 마음속으로는 두꺼운 헬멧을 쓰고 싶을 거예요. 사춘기에 접어들면서 화장하는 법을 익히느라 공부에 신경을 안 쓰거든요. 이 책과 영화가 승현이의 단단한 마음의 문을 조금이나마 열어주기를 바랍니다.

1. 매체 소개
태어나서 열 살이 될 때까지 스물일곱 번의 수술을 받으면서 꿋꿋이 살아남은 어거스트. 선천적 안면기형으로 태어났지만 가족의 따뜻한 사랑과 타고난 긍정적인 성품으로 친구들을 사귀고 상처를 극복해 나갑니다. 원작 소설인 〈원더〉는 2017년 영화로도 만들어졌습니다.

2. 목표
- 남들과 다른 외모로 고통을 받는 사람들의 마음을 이해한다.
- 주인공의 입장이 되어 편지를 쓰면서 공감능력을 키운다.

3. 준비물
사전 영화 감상Wonder, 2017, 책, 색연필

4. 진행순서 [워크시트 232p]
1) 영화를 보고 만나도록 미리 안내한다.
2) 영화를 본 소감을 나눈다.
3) 영화제 포스터와 광고를 보면서 차별에 대한 브레인스토밍을 한다.
4) 주인공 '어기'의 입장이 되어 힘들 때와 행복한 때를 떠올린다.
5) 주인공의 입장이 되어 다른 사람들에게 편지를 쓰면서 공감능력을 키운다.

5. 수업 사례

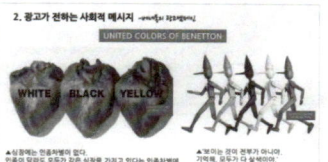
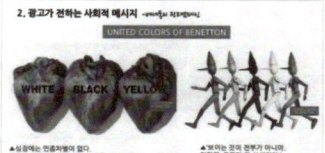

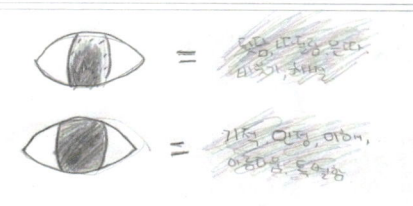
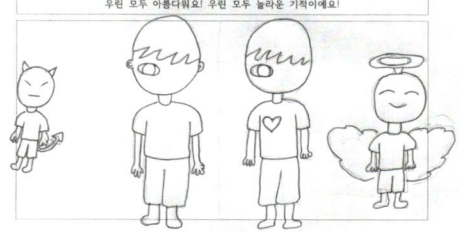

> **Tip.** 함께 보면 좋은 영화

〈Wonder, 2017〉 감독 : 스티븐 크보스키
출연: 제이콥 트렘블레이(어기 풀먼), 줄리아 로버츠(이자벨 풀먼), 오웬 윌슨(네이트 풀먼)

> **Tip.** 장애 편견 극복을 다룬 책

『아름다운 아이(Wonder [Movie Tie-In Edition])』 R. J. 팔라시오 지음, 책과콩나무
『내 꼬리』 조수경 지음, 한솔수북
『찬이가 가르쳐 준 것』 허은미 글 / 노준구 그림, 한솔수북
『꿈틀』 김준철 지음, 양철북
『달려라 왼발 자전거』 로리 앤 톰슨 글 션 퀄스 그림, 씨드북
『롤라와 나』 키아라 발렌티나 세그레 글, 파올로 도메니코니 그림, 씨드북
『아빠, 미안해하지 마세요!』 홍나리 지음, 한울림스페셜
『조에는 늘 예쁘게 웃어요』 마리 클로드 포르탱 글, 루 보셴 그림, 씨드북
『엘리자베스는 실패가 두려워요』 다니엘 노로, 알드레 마세 글, 이자벨 말랑팡 그림, 씨드북
『그레구아르는 눈으로 말해요』 다니엘 노로 글, 스테판 조리슈 그림, 씨드북
『할아버지는 다 잊어 버려요』 프랑수아즈 로베르 글, 루이즈 카트린 베르즈롱 그림, 씨드북

3-9 달라서 더 친할 수 있어요

『얼굴 빨개지는 아이 (원제: Marcellin caillou)』 장 자끄 상뻬 지음, 별천지

독서치료 프로그램은 일반적인 언어상담에 비해 놀이의 즐거움을 제공한다는 장점이 있습니다. '기-승-전-활동(놀이)'인 사춘기 청소년들을 상담하다 보면 언어상담만으로는 어려울 때가 많지요. 상담주제를 잘 담아낸 그림책에 흠뻑 빠져 놀이판을 만들어보는 것도 학생들에게 좋은 추억이 되어줍니다. 독서치료 집단상담 프로그램에 참여한 학생들은 자기이해와 타인이해가 증진되고, 자신과 타인에 대한 관점이 잘 이해되는 경험을 합니다. 인지적, 정서적 영역인 공감능력과 행동적 영역인 교우관계의 요소를 적절히 병행해서 구성된 독서치료 프로그램을 제공하는 것이 매우 중요하지요.[11] 거기에다 즐거움의 요소가 곁들여진다면 학생들이 밝게 웃는 모습도 볼 수 있을 거예요.

---

11) 임성관. (2014). 공감능력 증진을 위한 독서치료 프로그램 개발 연구: 초등학교 고학년을 대상으로. 한국독서교육학회지, 2, 25-42.

1. 매체 소개
『꼬마 니콜라』 시리즈로 유명한 프랑스 작가 장 자끄 상뻬의 그림책입니다. 사람에 대한 애정이 담뿍 담긴 그의 다른 작품들처럼 시도 때도 없이 얼굴이 빨개지는 아이 마르슬랭 까이유와 늘 재채기를 하는 르네 라또가 우정을 나누는 이야기입니다. 『자전거를 못 타는 아이』의 따뷔랭처럼 이들 역시 완벽하지 않아도 그게 살아가는 데 흠이 아님을 경쾌하고 다정하게 말해주고 있습니다.

2. 목표
- 서로의 단점까지 이해해 주는 진정한 친구에 대해 생각한다.
- 책 놀이판을 만들면서 독서치료의 즐거움을 느낀다.

3. 준비물
책, 색연필, 유성 사인펜, 주사위, 4절지, 책 놀이판

4. 진행순서 [워크시트 236p]
1) 서로 다른 고민을 가진 두 친구의 우정의 비결에 대해 살펴본다.
2) 두 친구가 만나지 못했다면 그들의 삶이 어땠을지 상상해본다.
3) 서로의 단점까지 수용하는 친구의 소중함에 대해 생각한다.
4) 책 놀이판에 들어갈 내용을 정리한다. 독서 퀴즈, 보너스, 벌칙, 이미지
5) 4절지에 책 놀이판을 꾸미고 함께 게임을 한다.
6) 책 놀이판을 만드는 과정에서 느낀 점과 게임 소감을 나눈다.

5. 수업 사례

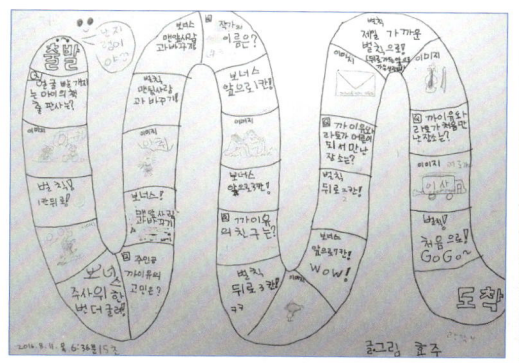

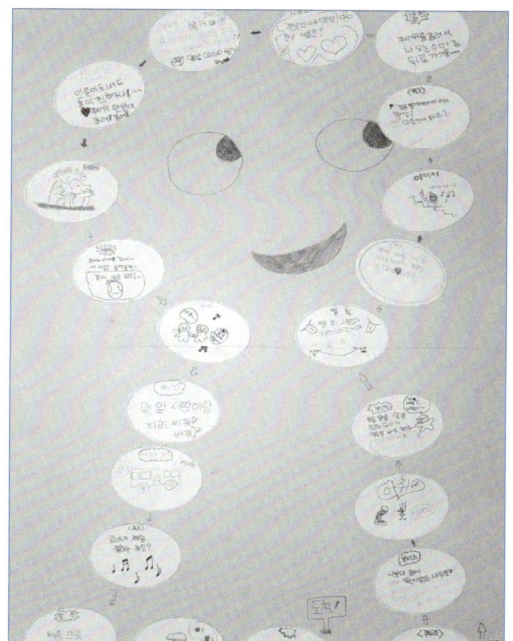

> **Tip.** 독서치료에 좋은 장 자끄 상뻬의 그림책
>
> 『자전거를 못 타는 아이 (원제: Raoul Taburin)』 별천지
> 『좀머 씨 이야기 (원제: Raoul Taburin)』 파트리크 쥐스킨트 글, 장 자끄 상뻬 그림, 열린책들

3-10 용기를 내봐요

『**일어나요, 로자 (원제: Rosa)**』 니키 지오바니 지음, 브라이언 콜리어 그림, 웅진주니어

> 2017년 현재 우리나라 다문화학생은 10만 명을 돌파했다고 합니다. 우리 학생들은 다민족·다문화사회로의 변화를 긍정적인 것으로 받아들이고, 다양한 민족과 인종이 공존하는 사회적 가치를 지지하는 태도를 배울 필요가 있어요. 지금 이 순간에도 지구촌에는 이러한 갈등이 야기한 전쟁으로 인권이 유린되고 기아, 난민이 발생하는 곳이 많습니다. 그중 인종 차별이 심했던 미국의 예를 통해 우리 사회에는 이런 차별이 존재하지 않는지 살펴보려고 합니다.

1. 매체 소개
『일어나요, 로자』는 미국 흑인 운동의 촉매제가 된 '로자 파크스 사건'과 '몽고메리 버스 보이콧 사건'을 소재로 만든 책으로, 2006년 칼데콧 아너상을 수상한 작품입니다. 1955년 12월 1일, 로자 파크스는 백인 승객을 위해 비키라는 버스 기사의 명령을 거부해서 체포됩니다. 분노한 흑인들이 차별에 반대하는 투쟁을 시작했고, 1년 이상 지속된 몽고메리 버스 보이콧으로 인종분리법이 위헌이라는 판결을 받아 냈습니다. 진정한 용기를 보여준 로자 파크스는 '현대 인권 운동의 어머니'로 불리게 되었습니다.

2. 목표
- 흑인 인권을 위해 용기를 보여준 주인공을 통해 인권의 소중함을 안다.
- 다양한 독후활동을 통해 독서치료의 즐거움을 경험한다.

3. 준비물
책, 색연필, 동영상 지식채널e

4. 진행순서 [워크시트 238p]
1) [지식채널e] '조용한 자부심'을 감상한 뒤 연상 단어를 적어본다.
2) 인종차별이 심하던 미국 사회에서 유색인종으로 살아가는 것의 힘겨움을 생각한다.
3) 인종차별에 맞서 용기를 낸 주인공에 대해 생각한다.
4) 인물의 일대기와 동영상, 책 내용이 포함되도록 '제목 6행시'를 짓는다.
5) 이 책의 내용으로 영화를 만든다고 가정하고, 등장인물을 가상으로 섭외한다.
6) 기존의 영화 포스터를 참고하여 이 책의 주제가 드러나도록 포스터를 꾸며 본다.

5. 수업 사례

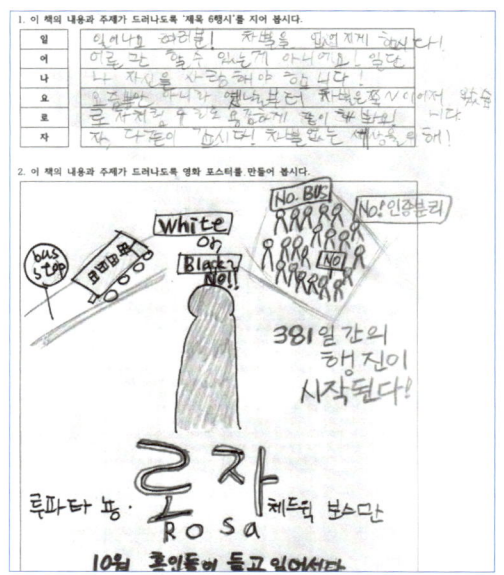 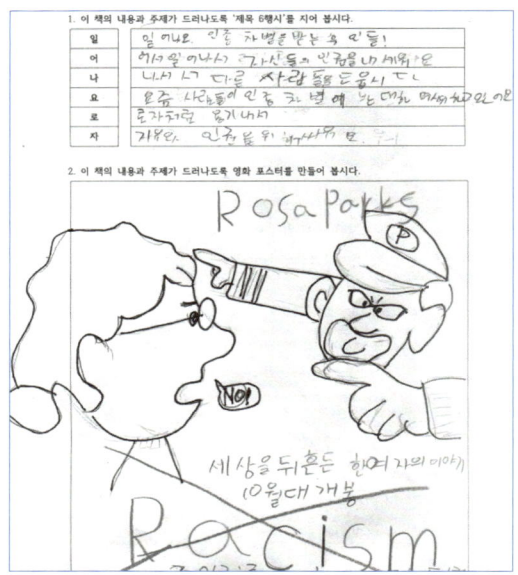

> **Tip.** 인권을 다룬 그림책

『마틴 루터 킹 (원제: Martin's Big Words: The Life of Dr. Martin Luther King Jr.)』 도린 래퍼포트 글, 브라이언 콜리어 그림, 아이세움

『모세: 세상을 바꾼 용감한 여성 해리엇 터브먼 (원제: Moses- When Harriet TubmanLed Her People to Freedom)』 캐럴 보스턴 위더포드 글, 카디르 넬슨 그림, 달리

『헨리의 자유 상자 (원제: Henry's Freedom Box)』 엘린 레빈 글, 카디스 넬슨 그림, 뜨인돌어린이

『꼬마 난민, 아자다 (원제 : Azadah)』 자끄 골드스타인 지음, 주니어김영사

『오월 광주는, 다시 희망입니다』 문재인 대통령 5·18 민주화 운동 기념사, 고정순 그림, 봄나무

『오늘은 5월 18일』 서진선 지음, 보림

『분홍 모자 (원제: The Pink Hat)』 앤드루 조이너 지음, 이마주

『우산을 쓰지 않는 시란 씨』 다니카와 슌타로, 국제앰네스티 글, 이세 히데코 그림, 천개의바람

『오늘은 5월 18일』 서진선 지음, 보림

『더 나은 세상 – 어린이가 누려야 할 권리 (원제: Un Mundo Mejor)』 가브리엘 파체코 외 10명 그림, 산하

『콩고 광장의 자유 (원제: Freedom In Congo Square)』 캐럴 보스턴 위더포드 글, R 그레고리 크리스티 그림, 밝은미래

Tip. 독서치료에 참고할 동영상

[지식채널e] - 『조용한 자부심』

출처 : 교육의 중심 EBS

Tip. 참고할 만한 영화 포스터

출처 : 나무위키

궁금해요
모모쌤의
독서테라피
WORK SHEET

다문화수용성 향상
프로그램

3-1 내 이름엔 어떤 의미가 있을까

『내 이름이 담긴 병 (원제: The name jar)』 최양숙 지음, 마루벌

마음 열기

이 책의 내용을 생각하며 떠오르는 색깔과 느낌을 말해 보세요.

색깔	
느낌	

생각 넓히기

1. 은혜가 이민을 갈 때 할머니께서 도장을 선물하신 이유는 무엇인가요?

2. 미국 친구들이 이름 쪽지를 넣은 유리병을 주었을 때, 은혜의 기분이 어땠을까요?

3. 조이는 어떤 마음에서 유리병을 숨겼을까요?

4. 만약 은혜가 미국식 이름을 쓰기로 마음먹었다면, 상황이 어떻게 달라졌을까요?

은혜 자신	
부모님과 할머니	
미국 친구들	
조이	

5. 조이처럼 한국 이름을 갖고 싶어 하는 미국 친구에게 한국 이름을 선물한다면, 어떤 이름이 좋을까요? 좋은 한국 이름을 지어 주세요.

자기 적용하기

1. 여러분이 은혜라면 어떤 이름을 선택했을까요? 그 이유를 말해보세요.

2. 여러분은 자신의 이름에 대해 어떻게 생각하나요? 여러분의 이름으로 삼행시(사행시)를 짓고, 이름의 의미를 그림으로 표현해 봅시다.

3. 은혜는 조이와 친구들, 김씨 아저씨의 도움으로 한국 이름을 사용하기로 합니다. 여러분이 은혜가 되어 한국에 계신 할머니께 편지를 써 보세요.

할머니께

은혜 올림

3-2 소중한 나를 발견해요

『난 내 이름이 참 좋아 (원제: Chrysanthemum)』 케빈 헹크스, 비룡소

마음 열기

여러분 이름을 여러 가지 색깔로 정성껏 적어 보세요. 내 이름에 대한 느낌은 어떤가요?

생각 넓히기

1. 친구들이 '국화'라는 뜻을 가진 꽃 이름(Chrysanthemum)이라고 놀릴 때, 크리샌써멈은 어떤 기분이었을까요?

2. 크리샌써멈 주변의 어른들을 살펴봅시다. 부모님과 트윙클 선생님의 모습에 대해 어떻게 생각하나요?

3. 만약 부모님과 선생님이 크리샌써멈의 지지자 역할이 되어주지 못했다면 어땠을까요?

자기 적용하기

다음 시를 읽고 모방시를 지어 보세요.

나는 내가 좋다

나는 내가 좋다.
머리숱이 적당해 탈모 걱정 없고
시력이 좋아 안경을 안 쓰고
밥 잘 먹고, 아침마다 화장실을 가는 내가
나는 좋다.

나는 내가 좋다.
매일 아침 건강하게 출근하고
나의 삶을 내 손으로 꾸려가며
맡은 일을 책임감 있게 해내는 내가
나는 참 좋다.

나는 내가 좋다.
사람들의 아픈 마음을 잘 이해하고
그 사람의 삶이 행복하길 진정으로 바라며
그 사람의 이야기를 진지하게 들어주는 내가
나는 매우 좋다.

나는 내가 좋다.
실수도 많이 하고
잘 하는 것도 많지 않지만
그래도 나는 내가 좋다.

나는 내가 무조건 좋다...

> **Tip.** 방탄소년단의 UN 7분 연설문

2018년 9월 24일, 미국 뉴욕 유엔본부에서 한 방탄소년단(BTS)의 '7분 연설'이 많은 이들에게 뭉클한 감동을 선사해 화제가 되고 있습니다. 유엔아동기금(유니세프)의 청년 어젠다 '제너레이션 언리미티드' 발표 행사에서 이뤄진 이 연설은 '나 자신을 사랑하라'는 메시지를 담고 있어 전세계 청소년과 청년들에게 더 많은 교육의 기회를 주자는 프로그램 취지에도 꼭 들어맞습니다. 연설문을 읽어 보세요.

출처 : 한겨레 신문 / BTS' speech to the UN has been praised by fans. Picture: PA

Speak Yourself

– 방탄소년단 유엔연설 전문 –

(김용 총장의 소개에) 소개해 주셔서 감사합니다. 제 이름은 김남준이며 RM으로 알려져 있고, 방탄소년단의 리더입니다. 오늘날의 젊은 세대를 이야기하는 중요한 자리에 초대되어 매우 큰 영광입니다. 작년 11월 방탄소년단은 유니세프와 함께 'Love Myself' 캠페인을 시작했습니다.

'진정한 사랑은 자기 자신을 사랑하는 것에서부터 시작한다'는 믿음으로 만들어진 캠페인입니다. 유니세프와 파트너로 함께했던 〈End Violence 프로그램〉은 모든 폭력으로부터 아이들과 젊은 세대들을 보호하기 위함이었습니다. 그리고 우리 팬들은 행동력과 열정으로 이 캠페인의 메인 역할을 담당했습니다. 정말로 세계 최고의 팬들입니다.

저는 저 자신에 대해 이야기하는 것으로 시작하고 싶습니다. 서울 근처에 있는 일산이라는 도시에서 태어났습니다. 강과 언덕과 매년 열리는 페스티벌까지 있는 정말 아름다운 곳입니다. 저는 그곳에서 정말 행복한 어린 시절을 보냈고 평범한 소년이었습니다. 밤하늘을 올려다보곤 했고, 세상을 구하는 상상을 하기도 했습니다. 저희의 초기 앨범 인트로 중에 9~10세 정도에 제 심장이 멈췄다는 가사가 있습니다.

돌이켜보니 그때가 다른 사람들이 저를 어떻게 보는지 인식하고, 그들의 눈을 통해 저 자신을 보기 시작했던 때인 것 같습니다. 밤하늘과 별을 바라보는 것을 멈췄고, 꿈꾸는 것을 멈췄습니다. 대신에 다른 사람들이 만드는 시선에 저 스스로를 가뒀습니다.

이어 저는 나 자신의 목소리를 내는 것을 멈췄고, 다른 사람들의 목소리를 듣기 시작했습니다. 누구도 제 이름을 불러주지 않았고, 저조차도 제 이름을 부르지 않았습니다. 제 심장은 멈췄고, 제 눈은 감겼습니다.

이런 것들이 우리와 다른 사람들에게 일어나고 있습니다. 우리는 유령이 됐습니다. 이때 음악이 작은 소리로 "일어나서 너 자신의 목소리를 들어"라고 이야기했습니다. 하지만 음악이 저의 진짜 이름을 부르는 소릴 듣기까지 꽤 오랜 시간이 걸렸습니다.

방탄소년단에 들어가기로 결정했을 때조차 많은 장애물이 있었습니다. 대부분은 아니라고 믿고 싶지만, 일부 사람들은 가망이 없다고 얘기했죠. 때때로 저도 전부 그만두고 싶었습니다. 하지만 그렇게 하지 않았다는 것에 정말 행운이고 감사하다고 여깁니다.

저는 계속해서 잘못 딛거나 넘어질 것이라고 확신합니다. 방탄소년단은 대형 공연장에서 공연하고 수백만 장의 티켓을 파는 아이돌이지만, 저는 여전히 24세의 평범한 청년입니다. 제가 성취한 모든 것은 다른 방탄소년단 멤버들이 옆에 있었기 때문에 가능했습니다.

또한, 저희의 팬인 아미 여러분이 저희를 사랑하고 지지해 주셨기 때문입니다. 어제 저는 실수를 했을지도 모릅니다. 하지만 어제의 저도 여전히 저입니다. 오늘의 저는 과거의 실수들이 모여서 만들어졌습니다. 내일, 저는 지금보다 조금 더 현명할지도 모릅니다. 이 또한 저입니다. 그 실수들은 제가 누구인지를 얘기해 주며, 제 인생의 우주를 가장 밝게 빛내는 별자리입니다. 내가 누구인지, 내가 누구였는지, 내가 누구이고 싶은지를 모두 포함해 나를 사랑하세요.

마지막으로 한 가지를 말하고 싶습니다. 앨범이 발매된 이후, (유니세프의) 캠페인을 시작한 이후, 우리는 전 세계의 팬들로부터 중요한 메시지들을 듣게 됐습니다. 인생의 시련들을 어떻게 극복했는지, 그리고 스스로를 어떻게 사랑하게 됐는지에 대해서죠. 이 이야기들은 저희에게 책임감을 일깨워주었습니다. 한 발짝 더 나아가봅시다. 우리는 스스로를 사랑하는 법에 대해 배웠습니다. 스스로에 대해서 이야기해 보라고 촉구하고 싶습니다.

모두에게 묻고 싶습니다. 여러분의 이름은 무엇인가요? 여러분의 심장을 뛰게 하는 것은 무엇인가요? 여러분의 이야기를 들려주세요. 여러분의 목소리와 신념을 듣고 싶습니다. 여러분이 누구인지, 어디에서 왔는지, 피부색은 무엇인지, 성 정체성은 무엇인지, 스스로에게 말하세요. 스스로에게 이야기하면서 여러분의 이름을 찾고, 여러분의 목소리를 찾으세요.

저는 김남준이고, 방탄소년단의 RM이기도 합니다. 저는 아이돌이며, 한국의 작은 마을에서 온 아티스트입니다. 많은 사람들처럼 저는 제 인생에서 수많은 실수를 저질렀습니다. 저는 많은 단점을 가지고 있고, 더 많은 두려움도 가지고 있습니다. 하지만 저는 제가 할 수 있는 만큼 저 자신을 북돋우고 있습니다. 조금씩 더 스스로를 사랑하고 있습니다. 여러분의 이름은 무엇인가요? 스스로에게 이야기하세요. 감사합니다.

〈월간조선 뉴스룸〉 2018년 9월 25일자 권세진 월간조선 기자

3-3 자아정체성을 탐색해요

『빨강: 크레용의 이야기 (원제: Red-A Crayon's Story)』 마이클 홀 지음, 봄봄

마음 열기

여러분은 자신을 생각하면 어떤 색깔이 떠오르나요?

생각 넓히기

1. 빨간색을 잘 그리지 못하는 빨강이를 대하는 주변 반응을 적어 보세요.

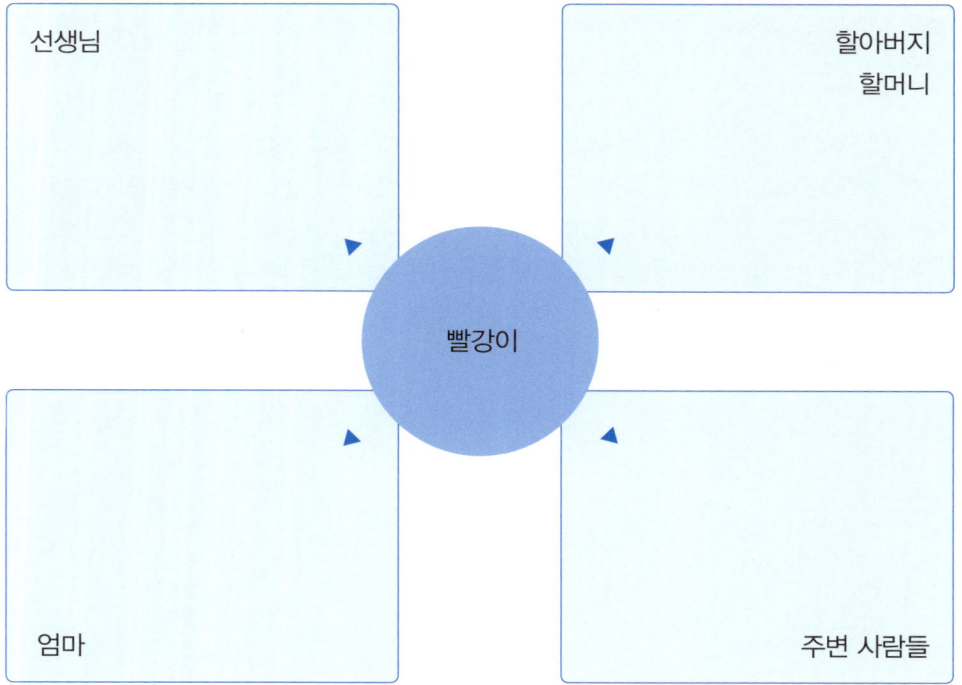

2. 빨강이가 아무리 노력해도 빨간색을 잘 그리지 못했을 때, 각각 어떻게 했다면 더 좋았을까요?

부모님	
주변 사람들	
빨강이	

3. 새로 만난 친구 자두는 파란 바다를 그려달라고 부탁하면서 그냥 한 번 해보라고 합니다. 이때 빨강이의 기분은 어땠을까요?

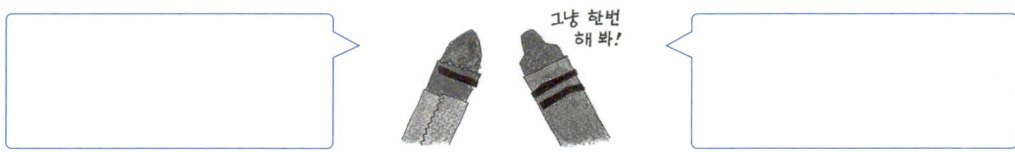

4. 빨강이는 바다, 청바지, 파랑새, 파란 고래… 등을 그린 후에 자신이 파랑이라고 외칠 수 있었답니다. 이때는 기분이 어땠을까요?

5. 여러분이 빨강이였다면, 어느 순간부터 자신의 색깔이 빨강이 아닐 수도 있다는 생각이 들었을까요? 그 이유도 설명해 보세요.

- 선생님이 연습을 더 하라고 할 때
- 엄마가 다른 색과 함께 하라고 말할 때
- 할아버지, 할머니가 창백하다고 할 때
- 빨간 그림이 나아지지 않을 때
- 다른 문방구들이 옆에서 관여할 때
- 자두를 만나 바다를 그릴 때

자기 적용하기

1. 여러분은 어떤 색깔이고 싶고, 어떤 그림을 그리고 싶은가요?

2. 나의 색깔과 나의 이야기를 만들어 보세요.

(   )색 : (   )의 이야기

3-4 나를 사랑해요

『앵무새 해럴드 (원제: Harold Finds a Voice)』 코트니 딕마스 지음, 봄봄

마음을 여는 노래

들국화의 '내가 찾는 아이' 노래를 들으며 감상해요.

내가 찾는 아이

나동민 작사·작곡 / 들국화 노래

내가 찾는 아인 흔히 볼 수 없지
넓은 세상 볼 줄 알고 작은 풀잎 사랑하는
워워 흔히 없지 예예 볼 수 없지

내가 찾는 아인 흔히 볼 수 없지
미운 사람 손을 잡고 고운 노래 불러주는
워워 흔히 없지 예예 볼 수 없지

내가 찾는 아인 흔히 볼 수 없지
내 마음이 맑을 때나 얼핏 꿈에 볼 수 있는
워워 흔히 없지 예예 볼 수 없지

생각 넓히기

1. 날마다 똑같은 소리를 내는 것에 싫증이 난 해럴드가 바깥세상에 나갔을 때 깜짝 놀란 이유는 무엇인가요?

2. 호기심 많은 해럴드는 바깥세상으로 나가서 온갖 소리에 귀를 기울이는군요. 여러분은 이런 모습이 어떻게 느껴지나요?

3. 해럴드는 "틀림없이 나만의 소리가 있을 거야! 분명히 있을 거야!" 라고 말합니다. '나만의 소리'를 낸다는 것은 어떤 의미일까요?

4. 앵무새 해럴드는 언제 즐거웠을까요? 각 상황을 떠올리면서 즐거움의 정도를 P1~P10까지로 적어 보세요. (P는 Pleasure)

상황	P1~P10	상황	P1~P10
어떤 소리든지 한 번 들으면 똑같이 흉내낼 수 있을 때		친구들이 자기 목소리에 귀 기울이고 칭찬할 때	
처음으로 바깥 세상에 나갔을 때		친구들에게 집에서 나는 소리를 가르쳐 줄 때	
세상의 다양한 소리에 귀를 기울일 때		자기만의 소리를 낼 때	

5. 여러분은 자신과 주변 사람들에게 어떤 말을 하고 싶은가요? '나만의 목소리'를 내 보세요.

나 자신에게	
주변 사람들에게	

자기 적용하기

1. 〈앵무새 해럴드〉에서 마음에 드는 한 장면을 나무자석에 그려봅시다.

  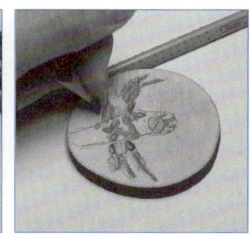 

2. 해럴드는 '자기 소리를 낼 때' 가장 행복했다고 합니다. 여러분은 어떻게 '자기 소리를 내며' 지내고 싶은가요?

3-5 쉽게 판단하지 않아요

『일곱 마리 눈먼 생쥐 (원제: Seven Blind Mice)』 에드 영 지음, 시공주니어

마음 열기

다음 속담이 말하고자 하는 것이 무엇일까요?

> 장님 코끼리 말하듯 한다.

생각 넓히기

1. 여러분은 어떤 생쥐의 말과 행동이 마음에 들었나요?

2. 생쥐들에게는 자신들이 경험하고 만진 것이 진리라고 말할 수 있겠지요. 그런데 코끼리에 대한 진실에 가까워질 수 있는 길은 무엇이라고 생각하나요?
예) 내가 경험한 코끼리와 다른 생쥐가 경험한 코끼리가 다를 수 있음을 인정한다.

3. 여러분도 어떤 사물이나 사실의 부분을 보고 판단한 적이 있나요?

4. 다른 사람들이 여러분의 일부분을 보고 다 아는 것처럼 말한다면 어떨까요?

자기 적용하기

1. 종이 퍼즐에 여러분에 대한 다양한 정보를 담아 보세요.
예) 좋아하는 음식, 말, 노래, 사람, 장소, 책 / 취미 / 듣고 싶은 말 / 나의 꿈 등

2. 퍼즐을 조합해 본 느낌을 말해보세요. 다른 사람에게 어떻게 이해받고 싶은가요?

3-6 우린 서로 개성이 달라요

『프레드릭 (원제: Frederic)』 레오 리오니 지음, 시공주니어

마음 열기

다음 그림의 공통점을 생각해 보세요.

출처 : pixabay

생각 넓히기

1. 들쥐 가족들이 일하는 동안 프레드릭은 햇빛을 모으고 계절을 느끼고 있었어요. 이런 주인공의 행동에 대해 들쥐 가족은 어떻게 생각했나요?

2. 여러분이 들쥐 가족이라면 프레드릭에게 무슨 말을 했을까요?

3. '개미와 베짱이'에 나오는 베짱이와 프레드릭을 비교해 보세요. 이들을 대하는 태도에 어떤 차이가 있나요?

개미들	들쥐 가족들

자기 적용하기

1. 나와 개성이 다른 사람을 존중해주지 않으면 어떤 일이 생길까요?

2. 『프레드릭』의 내용을 떠올리며 노래 가사와 제목을 바꾸어 보세요.

너의 의미
작사: 김한영, 작곡: 김창완

너의 그 한 마디 말도 그 웃음도
나에겐 커다란 의미

너의 그 작은 눈빛도
쓸쓸한 뒷모습도 나에겐 힘겨운 약속

너의 모든 것은 내게로 와
풀리지 않는 수수께끼가 되네

슬픔은 간이역에 코스모스로 피고
스쳐 불어온 넌 향긋한 바람

나 이제 뭉게구름 위에 성을 짓고
널 향해 창을 내리 바람 드는 창을

너의 그 한 마디 말도 그 웃음도
나에겐 커다란 의미
너의 그 작은 눈빛도
쓸쓸한 뒷모습도 나에겐 힘겨운 약속

3-7 시선을 바꿔 보아요
『위를 봐요!』 정진호 지음, 은나팔

마음 열기

이 광고가 말하고자 하는 것은 무엇인가요?

"누군가에게는 이 계단이 에베레스트 산입니다."

by 이제석 / 미국 장애인 협회 공익광고

출처 : 이제석 광고 연구소

생각 넓히기

1. 수지가 건물 위에서 내려다보는 풍경은 어떤가요?

2. 수지는 어떤 말을 하고 싶었을까요? 문장을 이어 보세요.

   내가 여기 있어요. 아무라도 좋으니....위를 봐요!

3. 위에서 내려다보는 수지를 궁금해 하며 바라보던 아이가 길바닥에 누우면서 말합니다.

   그럼, 이건 어때?

4. 아이와 함께 길바닥에 누워 수지를 바라보는 사람들의 모습에 대해 어떻게 생각하나요?

5. 수지가 휠체어를 타고 내려가서 아이와 함께 하늘을 올려다보는 장면을 보세요. 이때 작가는 무채색 그림에 연한 색을 입혔네요. 어떤 것을 표현하고 싶었을까요?

자기 적용하기

1. 국가인권위원회에서 제작한 6편의 단편영화 〈여섯 개의 시선〉 중 뇌성마비 장애인의 일상을 다룬 여균동 감독의 〈대륙 횡단〉을 감상해 봅시다.

이력서 / 18년만의 외출 / 이 감정을 알아? / 친구 / 횡재 / 내가 본 것 / 음악 감상 시간 / 약혼식 / 예행연습 / 셀프 카메라 / 대륙횡단

출처 : https://www.youtube.com

여균동 감독이 만든 〈대륙횡단〉은 장애우의 이동권에 대한 이야기를 하고 있다. 주인공으로는 장애우 연극인인 김문주(뇌성마비 1급)씨가 직접 출연했다. 영화는 가족의 대소사로부터 소외되는 장애우의 모습, 친구, 광화문 횡단을 위해 예행연습을 하는 등 장애우의 일상이 13가지 에피소드로 구성된다. 마지막 에피소드로는 주인공이 광화문 사거리를 가로질러 무단횡단하는 실제상황도 연출했다. 리프트 없는 지하도로는 건널 수 없고 횡단보도도 없는 광화문 사거리를 통해, 장애우에게는 선택이 없다는 의미의 무단횡단(대륙횡단)을 감행하는 것이다. 다소 황당하지만, 경찰에 의해 끌려나오는 주인공의 묘수(?)가 무산되는 장면은 관객들에게 생각해 볼 여지를 남기는 부분이다. 장애우들의 이동권은 단순한 이동만의 문제가 아니라 사회, 문화, 경제적인 차별과 이어지는 문제이기 때문이다.

2. 이 영상을 본 소감이 어떤가요?

3. 『위를 봐요』의 수지와 『여섯 개의 시선』의 주인공처럼 장애가 있다고 생각해 보세요. 주변에서 어떤 시선으로 바라보길 원할까요?

3-8 틀린 게 아니라 다른 거예요

『우린 모두 기적이야 (원제: We're All Wonders)』 R. J. 팔라시오, 책과콩나무

마음 열기

들을 수 없었던 베토벤

'청각장애인 베토벤'이 아닌
'위대한 작곡가 베토벤'처럼
장애보다 능력을 먼저 보세요!
생각이 바뀌면 인재가 보입니다.

출처 : 한국장애인고용공단

1. 위의 공익 광고가 전달하고 싶은 메시지는 무엇인가요?

2. 다음 광고를 보고 어떤 생각과 느낌이 들었나요?

1. United Colors of Benetton Campaign "White–Black–Yellow"

▲ 심장에는 인종차별이 없다.
인종이 달라도 모두가 같은 심장을 가지고 있다는
인종차별에 대한 사회적 메시지를 담은 베네통의 광고

2. Olympic Games 1991

▲ '보이는 것이 전부가 아니야.
기억해, 모두가 살색이야.'

출처 : 베네통

생각 넓히기

1. 남들과 다른 외모로 태어나 밖에 나갈 때마다 헬멧을 쓰고 자신의 얼굴을 감추는 '어기'의 마음은 어땠을까요?

2. 학교에 들어가자 친구들은 '어기'를 괴물이라 놀리며 따돌리고 괴롭힙니다. 힘들어하는 아들에게 엄마가 이렇게 말합니다. 여러분이라면 이 말에 대해 어떻게 생각하나요?

"넌 아주 특별한 아이야. 넌 놀라운 기적과도 같아. 아름다워."

3. 여러분이 '어기'라면 언제가 가장 힘들었을까요? 또 언제 기운이 나고 행복했을까요?

힘든 때	행복한 때

4. '어기'는 남과 다른 생김새 때문에 고통을 받으면서 다음과 같은 말을 합니다. '사람들이 보는 눈을 바꾼다'는 것은 어떤 것일지, 그림으로 표현해 보세요.

> 내 생김새를 바꿀 수 없다는 걸 나도 잘 알아요.
> 하지만 어쩌면, 어쩌면... 사람들이 보는 눈을 바꿀 수도 있을 거예요.
> 그러면 내가 아름답다는 걸 모두 알 거예요.
> 자신들도 아름답다는 걸 알게 될 거고요.
> 우린 모두 아름다워요! 우린 모두 놀라운 기적이에요!

5. 이 책을 영화로 만든 〈Wonder, 2017〉에서는 다음과 같이 친절한 눈으로 세상을 바라보라고 말합니다. 여러분은 언제 차별을 당하는 사람에게 친절을 베풀어 보았나요?

"If you have a choice between being right and being kind, choose kind."
옳음과 친절함, 둘 중 하나를 골라야 할 때는 친절함을 택하라.

출처 : Wonder Book Photos

자기 적용하기

여러분이 안면기형장애로 태어난 '어기 풀먼'이라면 친구들과 다른 이들에게 어떤 말을 전하고 싶은가요?

Key Word : 친절, 차별, 다름을 존중, 친구

3-9 달라서 더 친할 수 있어요

『얼굴 빨개지는 아이 (원제: Marcellin caillou)』 장 자끄 상뻬 지음, 별천지

마음 열기

여러분은 아무 이유 없이 얼굴이 빨개지거나, 수시로 재채기가 나온다면 어땠을까요?

생각 넓히기

1. 두 사람의 우정을 보면서 가장 부러웠던 점은 무엇인가요?

2. 만약 마르슬랭이 르네 같은 친구를 만나지 못했다면, 두 사람의 인생은 어땠을까요?

3. 여러분의 단점까지 이해하고 수용하는 친구가 있다면 어떨까요?

자기 적용하기

[책 놀이판 만들기]

1. 책 놀이판의 모양을 정합니다. (예시)

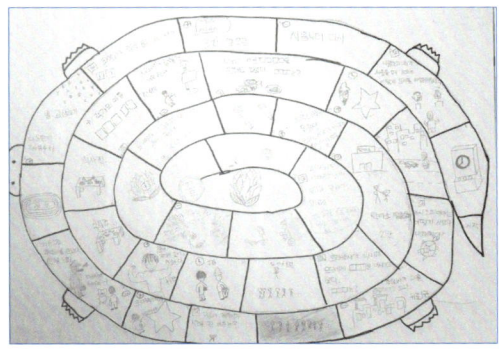 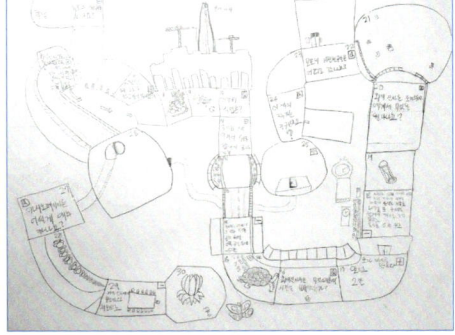

2. 다음과 같이 칸을 정합니다.

전체	독서 퀴즈 ?	보너스	벌칙	이미지
24칸	6칸	6칸	6칸	6칸

3. 독서 퀴즈와 보너스, 벌칙 내용, 이미지를 생각해 보세요.

독서 퀴즈 ?	1. 이 책의 작가 이름은?
	2.
	3.
	4. 까이유와 라또는 왜 헤어졌을까?
	5.
	6.
보너스	1. 주사위를 던져서 짝수가 나오면 앞으로 두 칸, 홀수가 나오면 뒤로 세 칸
	2.
	3. 맨 앞사람과 자리 바꾸기
	4.
	5.
	6.
벌칙	1. 맨 뒷사람과 자리 바꾸기
	2.
	3.
	4. 한 번 쉬기
	5.
	6.
이미지	1. 책표지
	2.
	3. 까이유와 라또가 앉아있는 장면
	4.
	5.
	6.

제3장 다문화수용성 향상

3-10 용기를 내봐요

『일어나요, 로자 (원제: Rosa)』 니키 지오바니 지음. 브라이언 콜리어 그림. 웅진주니어

마음 열기

다음 동영상을 보고 떠오르는 단어를 적어 보세요.

[지식채널e]
『조용한 자부심』 / 2009년 8월 17일 방영

출처 : EBS 클립뱅크

생각 넓히기

1. 로자 파크스에 대해 알아봅시다. 이 분이 존경받을 수 있는 이유는 무엇일까요?

12월 1일, 1955년 로자 파크스 버스자리 양보 거부

1955년 12월 1일, 미국 앨라배마주의 흑인 수선 재봉사 로자 파크스는 퇴근 버스의 자리를 백인 남성에게 양보하라는 운전기사의 요구를 거부했다. 경찰을 부르겠다는 협박에 "마음대로 하라"고 맞섰던 그녀는 결국 경찰에 체포되어 10달러의 벌금과 소송비 4달러를 선고받았다.

이 사건은 60년대 미 전역을 요동치게 한 흑인 민권운동의 도화선이 되었다. 젊은 목사 마틴 루터 킹이 주동하여 흑인 4만여 명이 버스 탑승을 381일간 거부했고, 마침내 인종 분리법이 위헌이라는 판결이 내려졌다. 이후 파크스는 회사에서 해고되었고 온갖 살해 협박에 시달렸으나, 마틴 루터 킹과 함께 미국 민권운동의 상징이 되었다. 2005년 타계한 그녀의 유해는 여성으로서 첫 위대한 인물로 의회 의사당 중앙홀에 안치되었다.

출처 : 2017.12.01. 매그남 '오늘의 역사'

2. 여러분이 1950년대의 유색인이라면, 다음과 같은 인종 차별을 받을 때 어땠을까요?

　백인들에게 모두 양보, 유색인들만 다니는 학교, 유색인 전용 식당, 유색인 출입구, 유색인 발코니, 유색인 식수대, 유색인 전용 택시, KKK의 살인 위협…

3. 여러분은 로자 파크스처럼 부당한 인권 차별에 대항할 수 있었을지 생각해 봅시다.

자기 적용하기

1. 이 책의 내용과 주제가 드러나도록 '제목 6행시'를 지어 봅시다.

일	
어	
나	
요	
로	
자	

2. 이 책의 내용과 주제가 드러나도록 영화 포스터를 만들어 봅시다.

Bibliotherapy

제4장

부모-자녀 관계 회복

Bibliotherapy

부모-자녀 관계 회복

청소년들은 성장통을 앓고 있어요

청소년 시기에는 신체적, 정신적으로 급격한 성장과 변화가 일어나지요. 아동에서 성인으로 넘어가는 과도기에 성취해야 하는 다양한 발달적 스트레스를 경험하느라 그런 거예요. 특히 우리나라 청소년들은 과도한 입시위주의 교육제도 아래 학업과 진학에 대한 부담과 압박감으로 더 많은 스트레스에 노출되어 있어요.[1] 그런데 청소년들은 어른들에 비해 스트레스에 효과적으로 대처할 수 있는 능력이 많이 부족하기 때문에 우울이나 불안과 같은 심리적 문제나 약물사용, 음주, 폭력, 자살 등의 청소년 문제가 증가하고 있답니다.[2]

학교생활 적응에는 부모요인이 중요합니다

부모-자녀 관계를 다룬 연구들을 살펴보면, 부모의 양육태도, 부모-자녀 의사소통유형, 스트레스 대처방식, 부모-자녀 애착에 따라 아동·청소년의 다양한 이상행동과 학교적응에 영향을 미치는 것을 알 수 있어요. 청소년이 느끼는 부모의 긍정적인 양육태도는 자기

효능감, 스트레스, 우울, 학교생활 적응 등에 영향을 미칩니다.[3] 또한 부모의 양육태도와 부모-자녀 간 의사소통방식이 인터넷 중독이나 충동성 등의 문제행동에도 영향을 주고[4], 학교생활 적응과도 관련이 있다고 해요.[5] 이때 의미 있게 살펴볼 부분은 바로 '청소년이 지각한' 부모의 양육태도와 의사소통유형입니다. 청소년들이 주관적으로 느끼는 부모에 대한 지각awareness이기 때문에, 이 차이를 좁히기 위해서는 부모와의 긍정적인 소통이 필요하답니다.

자녀들과 어떤 상호작용을 하고 있나요?

청소년들은 부모님 판단과 지시가 아닌, 따뜻하고 공감적인 대화를 원해요. 부모님이 청소년 자녀와 개방적이고 수용적인 대화를 많이 할수록 문제행동을 줄일 수 있어요.[6] 또한 따뜻함과 친밀함을 느낄 수 있는 정서적이고 관계지향적인 대화를 많이 하면 청소년의 인터넷 중독을 줄일 수도 있답니다.[7] 그리고 이렇게 안정감이 확보된 가족체계는 청소년의 또래체계와 상호작용하여 청소년의 학교생활 적응에도 좋은 영향을 미칩니다.[8] 부모-자녀 관계를 주제로 구성된 독서치료 프로그램은 진솔한 상호작용을 통해 사랑을

---

1) Lee, S. W., & Jang, Y. E. (2011). 학업스트레스가 청소년의 자살생각에 미치는 영향: 가족응집성의 조절효과 [A study on the effect of adolescents' academic stress to suicidal ideation: Moderating effect of family cohesion]. 청소년학연구. Research on Youth Studies, 18(11), 111-136.
2) Kendall, P. C. (Ed.). (2011). Child and adolescent therapy: Cognitive-behavioral procedures. Guilford Press.
3) 서석남, 이상구, & 임상호. (2012). 청소년이 느끼는 부모의 긍정적 양육태도가 자기효능감, 스트레스, 우울, 학교생활 적응에 미치는 영향. 디지털융복합연구, 10(8), 327-333.
4) 이상배, 박정미, 박은아, & 박제일. (2017). 중학생이 지각한 부모의 양육태도와 부모-자녀 간 의사소통 방식이 인터넷 게임중독에 미치는 영향. 동서정신과학, 20(1), 103-118.
5) 구자은. (2000). 자아탄력성, 긍정적 정서 및 사회적 지지와 청소년의 가정생활적응 및 학교생활적응과의 관계. 부산대학교 석사학위논문.
6) 백경숙, & 권용신. (2004). 부모-자녀간 의사소통유형이 청소년자녀의 학교생활적응에 미치는 영향. 청소년복지연구, 6(2), 87-99.
7) 권영길, & 이영선. (2009). 청소년이 지각하는 부모-자녀간 의사소통이 인터넷게임 중독에 미치는 영향. 한국컴퓨터게임학회논문지, (17), 127-135.
8) Gauze, C., Bukowski, W. M., Aquan-Assee, J., & Sippola, L. K. (1996). Interactions between family environment and friendship and associations with self-perceived well-being during early adolescence. Child development, 67(5), 2201-2216.

회복하고 애착을 재경험할 수 있게 도와줍니다. 참여자들은 독서치료를 통해 자기와 타인을 이해하고 진정으로 수용하는 경험을 하게 되지요. 부모와 자녀 모두 자신의 가치를 발견하고 스스로 장점을 인식하게 하는 독서치료 프로그램은, 그야말로 '강점 중심'의 상담치료 기법이라 할 수 있습니다.

부모-자녀 관계 회복 프로그램

No	주제	매체	내용
1	완벽한 엄마는 없어요	착한 엄마가 되어라, 얍! / 웅진주니어	부모/자녀가 서로에게 바라는 것, 듣고 싶은 말을 전하면서 애착을 재경험하도록 안내합니다.
2	엄마, 사랑해요	우리 엄마 (My mom) / 웅진주니어	점토로 '엄마'하면 생각나는 것을 만들면서 부모에 대한 사랑을 느껴봅니다.
3	나는 자라는 중이에요	내 이름은 자가주 (Zagazoo) / 마루벌	꼬마책을 만들면서 자신의 성장단계를 살펴보고, 어떤 발달 특징을 보이는지 탐색해 봅니다.
4	의사소통 유형을 돌아봐요	부루퉁한 스핑키 (Spinky Sulks) / 비룡소	'너 전달법'을 '나-전달법'으로 바꾸어 보면서, 효과적인 의사소통 방법을 연습해 봅니다.
5	양육태도를 돌아봐요	커다란 악어알 / 파란자전거	현재의 양육태도 유형을 살펴보고, 내가 만약 부모가 된다면 어떻게 하고 싶은지 생각해 봅니다.
6	나의 욕구를 확인해요	리디아의 정원 (The Gardener) / 시공주니어	매슬로우의 욕구위계표를 그리면서 주인공과 나의 욕구는 얼마나 채워졌는지 비교해 봅니다.
7	가족의 형태는 다양해요	엄마~~~야! / 책과콩나무	늑대 '구'의 입장이 되어 자신을 키워준 족제비 엄마께 편지를 쓰면서 사랑을 표현해 봅니다.
8	엄마를 돕고 싶어요	엄마의 의자 (A Chair for my mother) / 시공주니어	엄마께 드리고 싶은 선물을 그리고 그 이유를 전달해 봅니다.
9	엄마에게도 꿈이 있어요	피아노 치는 곰 / 길벗어린이	우리 엄마에게는 어떤 꿈이 있을지 생각해보고, 응원의 메시지를 전달해 봅니다.
10	사랑의 마음을 확인해요	파랑 오리 (Blue Duck) / 킨더랜드	주인공의 입장에서 인생 곡선을 그려보고, 엄마께 상장을 만들어 드리며 사랑의 마음을 확인합니다.

4-1 완벽한 엄마는 없어요

『착한 엄마가 되어라, 얍!』 허은미 글, 오정택 그림, 웅진주니어

> 저의 청소년기를 돌아보면 이상적인 엄마를 요구했던 것 같아요. 예쁘고, 음식 잘하고, 이야기 잘 들어주는 그런 '세련된 엄마' 말이에요. 제 맘대로 만들어 놓은 엄마의 이미지에 걸맞지 않는다고 엄마께 불평을 많이 했었지요.
>
> 심리학자들은 '완벽한 엄마(perfect mother)'란 결코 좋은 엄마가 아니며, 오히려 나중에 아이가 세상에 적응하는데 방해가 될 수 있다고 말합니다. 대신 나름 괜찮다는 의미의 '적당히 괜찮은 엄마(good enough mother)'가 최선이라고 하지요. 이런 엄마들은 자신의 감정을 솔직하게 표현하고, 자신의 행복을 돌볼 줄 아는 엄마라고 해요. 부모-자녀 사이에도 서로의 속마음을 전하는 시간이 필요합니다.

1. 매체 소개
끊임없는 엄마의 잔소리에 잔뜩 화가 난 아이는 자기 엄마가 과연 착한 엄마인지 의심을 합니다. 그러면서 착한 엄마가 갖춰야 할 조건을 이야기합니다. 내 말에 귀 기울여주고, 원하는 걸 척척 알아주고, 잘 웃고, 맛난 음식도 뚝딱 만드는 엄마… 이런 엄마로 변신시키고 싶어합니다. 허은미 작가는 둘째 딸과의 경험을 글로 썼고, 오정택 일러스트레이터는 딸과 이야기를 많이 나눈 후, 그 이야기를 그림으로 그렸다고 합니다. 부모와 자녀가 상대의 입장에서 원하는 것을 생각하게 하는 그림책입니다.

2. 목표
- 뇌 구조를 그리며 부모-자녀가 어떤 생각을 하고 있는지 살펴본다.
- 엄마에게 바라는 점을 이야기하면서 서로의 마음을 나눈다.

3. 준비물
책, 색연필

4. 진행순서 [워크시트 288p]
1) 자신이 생각하는 '착한 엄마'에 대해 말해 본다.
2) 엄마와 자신의 뇌 구조를 적어 보면서 상대방의 입장이 되어 본다.
3) 엄마께 하고 싶은 말을 적으며 진솔한 마음을 표현한다.
4) 엄마를 소재로 단어 시를 써보고 그 소감을 발표한다.

5. 수업 사례 [엄마와 나의 뇌 구조 그리기]

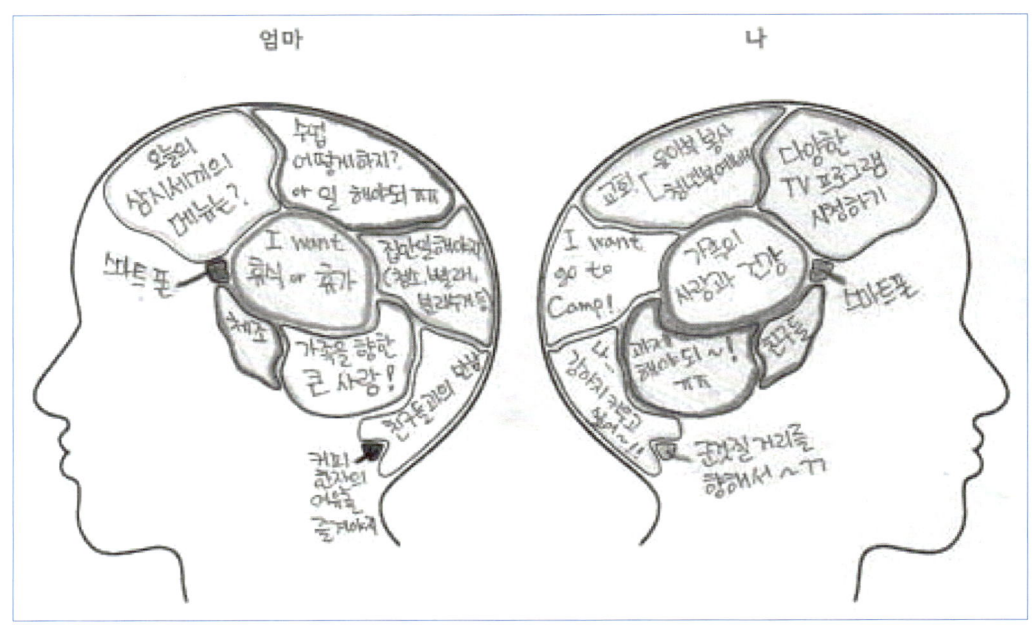

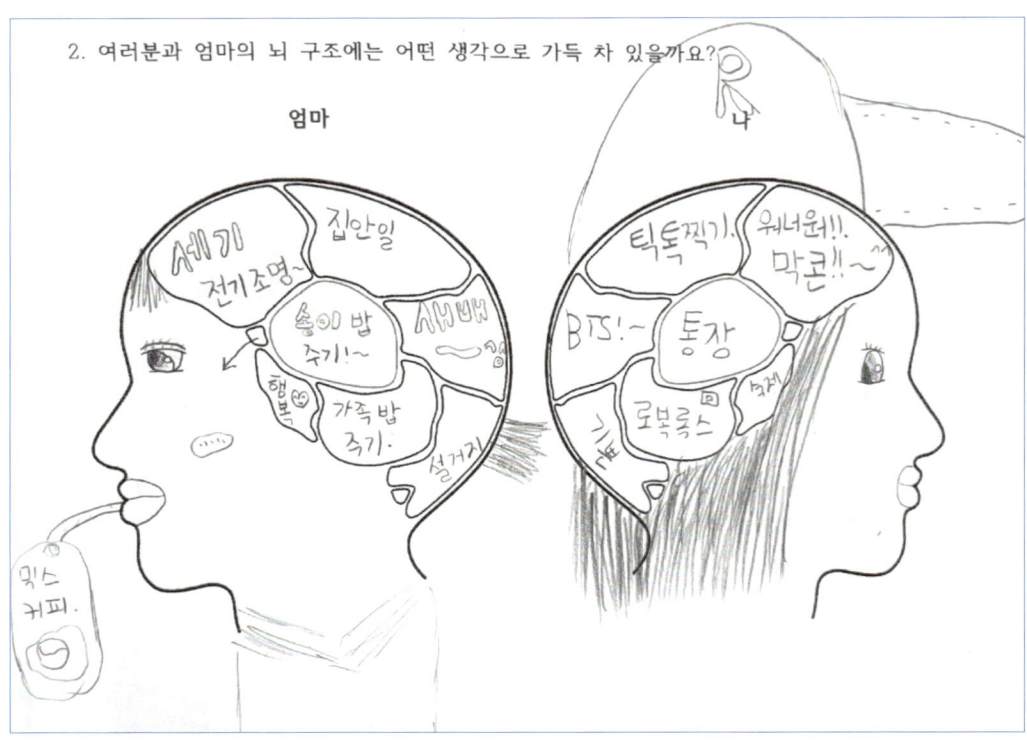

[단어 시 쓰기]

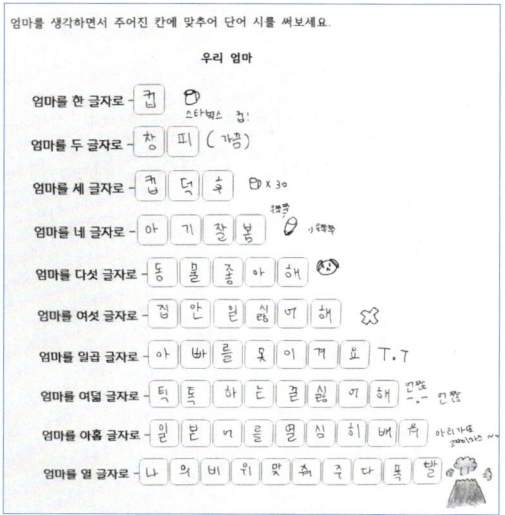
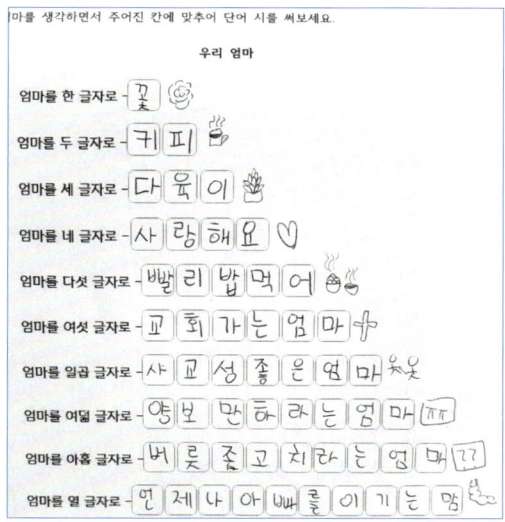
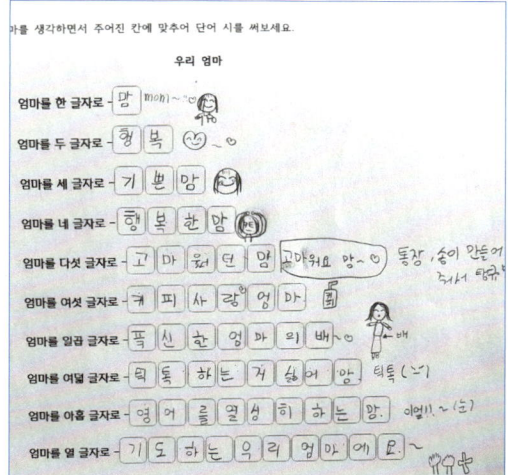
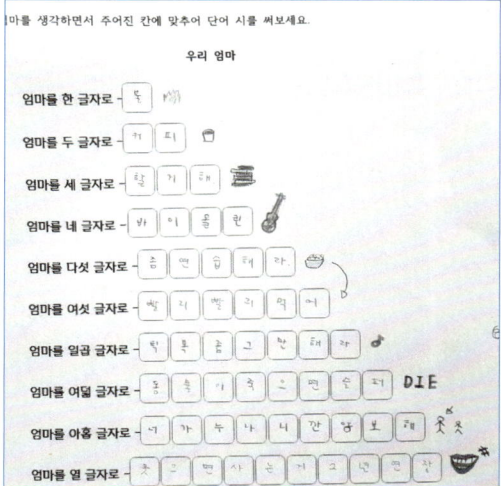

> **Tip.** 엄마에 대한 그림책

『거미 엄마, 마망 – 루이스 부르주아 (원제: Cloth Lullaby: The Woven Life of Louise Bourgeois)』 에이미 노브스키 글, 이자벨 아르스노 그림, 씨드북

『메두사 엄마 (원제: Mere Meduse)』 키티 크라우더 지음, 논장

『엄마 모습 (원제: Mum)』 마리아나 루이스 존슨 지음, 풀과바람

『엄마가 달려갈게!』 김영진 지음, 길벗어린이

『엄마 껌딱지』 카롤 피브 글, 도로테 드 몽프레 그림, 한솔수북

『엄마는 너를 사랑해 (원제: No Matter What)』 데비 글리오리 지음, 킨더랜드

『엄마가 미운 밤』 다타도노 호코 글, 오카모토 준 그림, 천개의바람

『엄마가 오는 길』 모토시타 글, 오카다 치아키 그림, 천개의바람

『엄마를 산책시키는 방법 (원제: Comment Bien Promener Sa Maman)』 클로딘 오브룅 글, 보비+보비 그림, 씨드북

『엄마와 나 (원제: My New Mom & Me?)』 레나타 갈린도 지음, 불의여우

『엄마 왜 안 와』 고정순 지음, 웅진주니어

『엄마의 초상화』 서진선 지음, 보림

『엄마 마중』 이태준 글, 김동성 그림, 보림

『고함쟁이 엄마 (원제: Schreimutter)』 유타 바우어 지음, 비룡소

『우리는 언제나 다시 만나』 윤여림 글, 안녕달 그림, 스콜라

4-2 엄마, 사랑해요

『우리 엄마 (원제: My mom)』 앤서니 브라운 지음, 웅진주니어

> 독서치료 집단상담 프로그램의 [자기이해] 하위영역에서 가장 먼저 다뤄지는 주제는 '엄마'입니다. 나를 이해하기 위해서는 영유아 시기의 엄마와의 애착 관계를 우선 다룰 필요가 있기 때문이지요. 학부모님들의 자기이해와 자기성장을 돕는 독서치료 프로그램에서도 애착에 대한 탐색을 하면서 점토활동을 했어요. 모두들 엄마를 연상시키는 사물을 만들고, 어린 시절 갈망했던 엄마의 사랑을 눈물로 표현하며 '애도 작업'을 했습니다. 그런데 학생들은 엄마를 떠올렸을 때 '휴대폰, 곰, 지우개, 캔 맥주…' 등을 만들어서 세대 차이를 느꼈답니다.

1. 매체 소개
『우리 엄마』는 엄마를 향한 사랑과 감사의 마음을 아이의 목소리로 전하고 있습니다. 앤서니 브라운이 그려낸 엄마는 굉장한 요리사, 놀라운 재주꾼, 훌륭한 화가입니다. 무용가나 우주비행사, 영화배우나 사장이 될 수 있었지만 '우리 엄마'가 되었지요. 『고릴라』, 『돼지책』, 『행복한 미술관』 등 이어지는 작품마다 가족의 의미와 소중함에 대해 고민하는 앤서니 브라운의 2005년 작품입니다.

2. 목표
- 책 내용을 패러디하여 엄마에 대한 사랑을 표현한다.
- '엄마'를 떠올리는 점토 작업을 통해 엄마의 사랑을 느낀다.

3. 준비물
책, 점토데코레이션 찰흙, 빵 칼, 작업 받침대비닐 또는 장판 샘플

4. 진행순서 [워크시트 291p]
1) 엄마의 이름으로 삼행시사행시를 지어 본다.
2) 엄마를 생각하며 책 내용을 바꿔 본다.
3) '엄마'하면 생각나는 사물을 세 가지 떠올린다.
4) 점토로 세 가지를 만들고, 이름과 만든 이유를 적는다.
5) 함께 점토 활동을 한 소감을 나눈다.

5. 수업 사례

> **Tip.** 함께 읽으면 좋은 앤서니 브라운의 그림책

『돼지책 (원제: Piggybook)』웅진주니어
『겁쟁이 빌리 (원제: Silly Billy)』비룡소
『고릴라 (원제: Gorilla)』비룡소

나는 자라는 중이에요

『내 이름은 자가주 (원제: Zagazoo)』 퀜틴 블레이크 지음, 마루벌

10살 아래의 여동생이 있는 준서는 요즘 집을 나가고 싶다고 합니다. 지난달에는 개구쟁이 세 살짜리 여동생이 자기가 아끼는 캡틴 아메리카 캐릭터의 팔을 부러뜨렸고, 다 풀어 놓은 수학 과제물을 찢어놓았답니다. 잠시 LOL이라도 하면서 쉴까 하면, 방에 들어와 함께 놀자고 소리를 지른다고 합니다. 동생이 없을 때에는 자기가 사랑을 독차지했는데, 지금은 부모님이 동생만 예뻐하면서 자기는 'Out of 안중'이라고 하네요.

『내 이름은 자가주』를 읽고 자신의 성장기를 그리던 준서는 어린 시절의 자신을 왕으로 그렸어요. 부모님이 언제나 자신을 가장 먼저 챙기고 사랑을 주었는데, 동생에게 양보하기가 싫다는 거죠. 5학년인 지금도 부모님의 사랑을 독차지하고 싶은 준서는 귀여운 욕심쟁이~

> **Tip.** 마음 열기에 활용되는 동영상
>
> 게티이미지 광고, 인생을 85초에 생생하게 담아내다
> https://www.youtube.com/watch?v=KZpivZYJYUw

1. 매체 소개

어느 날 부부에게 예쁜 아이가 배달되어 옵니다. 그런데 행복한 순간도 잠시. 그 아이는 자라면서 대머리 독수리처럼 꽥꽥 울고 진흙투성이 멧돼지처럼 온 집안을 어질러 놓습니다. 거꾸로 매달린 박쥐가 되거나 못된 용이 되기도 하다가 어느 날은 커다란 털복숭이 거인으로 변합니다. 과연 이 아이는 나중에 어떻게 변할까요? 퀜틴 블레이크 Quentin Blake는 『찰리와 초콜렛 공장』의 로알드 달과 오랫동안 함께 작업을 했습니다. 우리의 인생이 고스란히 담긴 그림책의 마지막에는 이렇게 적혀 있습니다. "Isn't Life Amazing!"

2. 목표
- 등장인물의 성장기를 보며 자신의 모습과 비교해 본다.
- '나의 성장기'를 담은 꼬마책을 만들고 소감을 나눈다.

3. 준비물
책, 색연필, 4절지, 가위, 유튜브 동영상 자료

4. 진행순서 [워크시트 293p]
1) '유튜브 게티이미지 광고'를 감상하고 소감을 말한다.
2) 사람의 성장 과정을 동물로 비유한 내용을 이해한다.
3) 나는 어느 시기, 어떤 동물로 비유할 수 있을지 생각해 본다.
4) 지난 시간을 돌아보며 각 시기에 어떤 특징이 있었고, 무엇을 원했는지 생각한다.
5) 성장시기별 특징과 바람을 담은 꼬마책을 만들고 소감을 나눈다.

5. 수업 사례

> **Tip.** 퀜틴 블레이크(Quentin Blake)의 그림책

『친구를 돕는 특별한 방법 (원제: The Five Of Us)』 퀜틴 블레이크 지음, 한솔수북
『내가 가장 슬플 때 (원제 : Michael Rosen's Sad Book)』 마이클 로젠 글, 퀜틴 블레이크 그림, 비룡소
『학과 해오라기』 퀜틴 블레이크 지, 마루벌
『앵무새 열 마리』 퀜틴 블레이크 지음, 시공주니어

4-4 의사소통 유형을 돌아봐요

『부루퉁한 스핑키 (원제: Spinky Sulks)』 윌리엄 스타이그 지음, 비룡소

"
민철이는 삼형제 중 막내인 중학교 1학년 학생입니다. 고등학교에 다니는 형들과 대화를 거의 하지 않고 꼭 필요할 때는 쪽지를 남긴다고 합니다. 민철이네 부모님은 맞벌이를 하시느라 늦게 퇴근하시는데, 아빠는 무뚝뚝하시고 엄마는 화를 종종 내시는 편이라 정서적 교류가 적은 '조용한 가족'이랍니다.

민철이는 『부루퉁한 스핑키』의 표지를 한참 들여다보더니 형들을 보는 것 같다고 합니다. 형들이 말을 붙이기 어렵게 퉁퉁거려서 마음을 터놓을 대상이 없다는 거죠. 가족의 의사소통 유형은 주로 비난형과 초이성형이라 더 외롭고, 형들이 이 책을 함께 보고 뭔가 느꼈으면 좋겠다면서 한숨을 쉽니다.
"

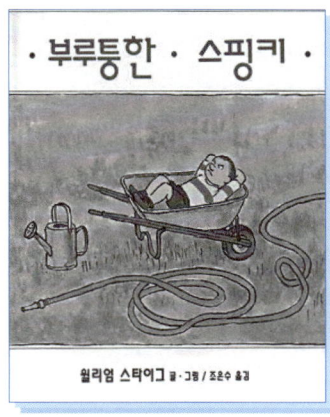

1. 매체 소개
오랜 시간 만화를 그려서 'NewsWeek'로부터 'Kings of Cartoons'로 불렸던 윌리엄 스타이그William Steig는 예순이 넘어서 그림책 작업을 시작했습니다. 그의 작품에는 가족이 자주 등장합니다. 평소 가족에게 불만이 많은 스핑키는 자신을 어린애 취급하는 누나와 형, 잔소리만 하는 아빠에게 잔뜩 화가 나서 해먹에 누워버립니다. 따뜻한 엄마와 할머니의 위로를 받으면서도 고집을 피우는 스핑키는 과연 이 상황을 어떻게 해결할까요? 가족 간 의사소통 방식을 다룰 때 유용한 그림책입니다.

2. 목표
- 등장인물을 통해 우리 가족의 의사소통 유형을 점검해 본다.
- 일치형의 의사소통을 연습하여 가족 내 소통을 돕는다.[9]

3. 준비물
책, 색연필

4. 진행순서 [워크시트 296p]
1) 화가 났을 때 어떻게 반응하는지 브레인스토밍 한다.
2) 주인공의 화를 풀게 하려고 등장인물들이 어떤 태도를 보이는지 탐색한다.
3) 의사소통 유형에 대해 안내하고 일치형으로 바꿔본다.
4) 자신의 감정과 의견을 효과적으로 전달하는 연습을 한다.

---

9) 박지현, & 윤혜미. (2017). 가족의사소통유형이 남·여 중학생의 학교생활적응에 미치는 영향에 대한 자아존중감의 매개효과. 학교사회복지, 39, 149-175.

Tip. 윌리엄 스타이그(William Steig)의 그림책

『당나귀 실베스터와 요술 조약돌 (원제: Sylvester And The Magic Pebble)』 다산기획, 1970년 칼데콧 상
『멋진 뼈다귀 (원제: The Amazing Bone)』 비룡소, 1977년 칼데콧 명예상
『슈렉 (원제: Shrek)』 비룡소
『용감한 아이린 (원제: Brave Irene)』 비룡소
『아벨의 섬 (원제: Abel's Island)』 다산기획
『아빠랑 함께 피자 놀이를 (원제: Pete's A Pizza)』 비룡소
『아모스와 보리스 (원제: Amos & Boris)』 비룡소
『진짜 도둑 (원제: Tha Real Thief)』 베틀북
『치과 의사 드소토 선생님 (원제: Doctor De Soto)』 다산기획

4-5 양육태도를 돌아봐요
『커다란 악어알』 김란주 글, 타니아손 그림, 파란자전거

5학년 하윤이는 심리검사를 하는 내내 손톱을 물어뜯었어요. 필압은 거칠고 HTP 검사를 할 때는 종이에 구멍이 날 정도로 힘을 주었어요. 동생이 자기 말을 안 들으면 '쥐잡듯이' 때리는 게 주호소 문제였어요. 그런데 부모가 싸울 때마다 아빠가 식탁이나 의자를 내던졌다고 하니, 아이가 느꼈을 공포가 얼마나 컸을까요? 아빠는 "넌 맨날 그림만 그리냐? 공부 좀 해라."면서 하윤이를 나무랐는데, 엄마도 비슷했어요. 건축 디자이너인 아빠를 닮아 그림을 잘 그리는 딸을 보며 "지 아빠 닮아서 하는 짓이 꼭." 하면서 정서적인 안정감을 주지 못했답니다. 하윤이는 자기가 『커다란 악어알』의 '굉장이'였다면 알에서 나오기 싫었을 것 같답니다. "어차피 나와 봐야 맨날 화만 내고, 둘이 싸울 텐데 그냥 알 속에 있는 게 편하겠지요." 하윤이에게 알 밖의 세상은 너무나 거칠고 위험한 곳이었습니다.

1. 매체 소개

엄마 악어가 엄청나게 큰 알을 낳자 가족들은 '굉장이'라는 이름을 붙여주면서 기대를 합니다. 그런데 알에서 깨어난 아기 악어를 보고 모두들 입을 다물지 못합니다. 굉장히 작은 악어가 태어난 것입니다. 온 가족이 실망해서 부정적으로 말하고 있을 때, 할머니 악어만은 다르게 대합니다. 할머니 악어의 격려에 기운을 얻은 '굉장이'는 이제 뭐든 힘차게 해냅니다.
"요 몸으로 커다란 알을 깨고 나왔으니, 돌도 삼킬 수 있겠구나. 내 이럴 줄 알았다니까."

2. 목표
- 우리 부모님의 양육태도를 살펴본다.
- 내가 만약 부모가 된다면 어떤 부모가 되고 싶은지 생각해본다.

3. 준비물
책, 색연필

4. 진행순서 [워크시트 300p]
1) 양육태도와 관련된 이미지를 보면서 연상되는 단어를 브레인스토밍한다.
2) 주인공의 입장에서 가족들의 반응에 대한 느낌과 기대를 생각해본다.
3) 부모 양육태도 유형을 살펴보고 우리 가족을 돌아본다.
4) 어떤 양육태도를 보이는 부모가 되고 싶은지 정리해본다.

5. 수업 사례

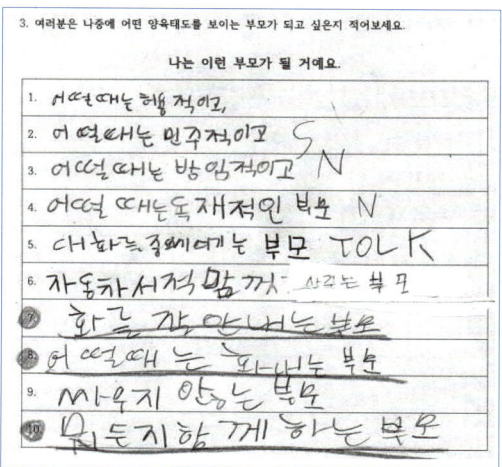
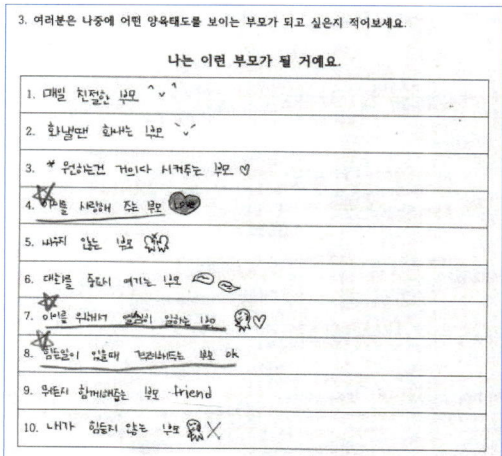

〈응용 활동〉 내가 부모라면 그림으로 그리기

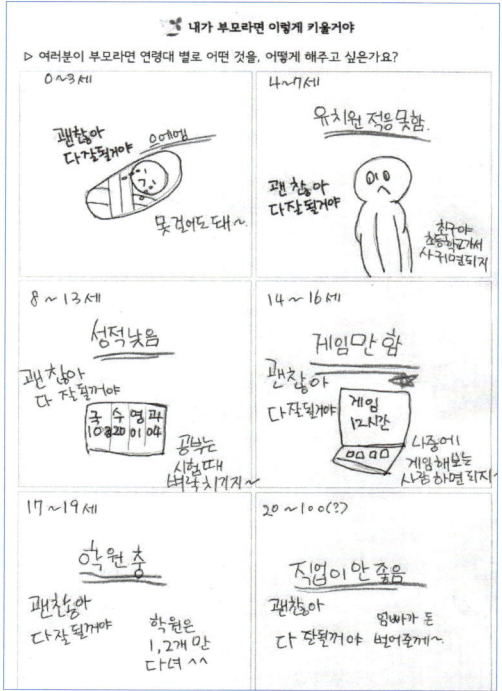

> **Tip.** 아빠와 관련된 그림책

『내 옆의 아빠 (원제: Dad By My Side)』 수쉬 지음, 주니어김영사

『너를 보면 (원제: Little Boy)』 엘리슨 맥기 글, 피터 레이놀즈 그림, 문학동네

『너희는 꼭 서로 만났으면 좋겠다』 유춘하·유현미 지음, 낮은산

『부엉이와 보름달 (원제: Owl Moon)』 제인 욜런 글 / 존 쉰헤르 그림, 시공주니어

『수영장에 간 아빠』 유진 지음, 한림출판사

『쑥갓 꽃을 그렸어』 유현미 글, 유춘하·유현미 그림, 낮은산

『아빠 셋 꽃다발 셋』 국지승 지음, 책읽는곰

『아빠가 우주를 보여준 날 (원제: When Dad Showed Me the Universe)』 울프 스타르크 글, 에바 에릭슨 그림, 크레용하우스

『아빠와 함께 산책 (원제: Nachts)』 볼프 에를브루흐 지음 / 길벗어린이

『아빠는 언제나 널 사랑해! (원제: Ce que papa m'a dit)』 아스트리드 데보르드 글, 폴린 마르탱 그림, 토토북

『완벽한 아이 팔아요 (원제: Un Enfant Parfait)』 미카엘 에스코피에 글, 마티유 모데 그림, 길벗스쿨

4-6 나의 욕구를 확인해요

『리디아의 정원 (원제: The Gardener)』 사라 스튜어트 글, 데이비드 스몰 그림, 시공주니어

> 5학년 민서네 가족은 작은 다세대 주택에 살고 있어요. 지역 신문 기자인 아빠와 늦은 나이에 임용시험을 준비하는 엄마는 언제나 공부하느라 바쁩니다. 집에 전자레인지가 없어서 찬밥을 찜통에 쪄 먹고, 침대가 없어서 온 가족이 거실에 이불을 펴고 함께 잡니다. 민서네 엄마는 테가 부러진 안경을 쓰고도 열심히 책을 읽어주었고, 민서와 남동생이 거실 벽을 도화지로 사용해도, 풍선을 잔뜩 불어 천장에 붙여 놓아도 웃으셨다고 해요. 그래서인지 '아름다운 가게'에서 사 온 옷을 걸친 민서는 늘 얼굴에 웃음이 가득합니다.
>
> 민서는 『리디아의 정원』의 주인공 리디아가 자기와 비슷할 것 같다고 하네요. 엄마, 아빠께 편지를 쓰면서 마음을 나누는 모습도 닮았구요. 자기네 가족이 돈이 없어서 피자를 자주 시켜 먹지는 못해도, 민서는 동화책 작가가 되고 싶다는 꿈이 있답니다. 또래들 사이에서도 인기가 많습니다. 친구들과 함께 웃으며 등교하는 민서의 힘은 어디에서 오는 걸까요?

1. 매체 소개
1998년 칼데콧 아너상을 받은 그림책으로, 아내인 사라 스튜어트Sarah Stewart의 글에 남편 데이비드 스몰David Small이 그림을 그렸습니다. 1930년대 중반 경제 대공황기에 아빠의 실직으로 리디아는 먼 곳의 외삼촌에게 잠시 맡겨집니다. 리디아는 약 11개월 동안 가족과 떨어져 지내며 외삼촌네 빵집에서 일을 하는데 이 아이에겐 특별한 힘이 있었어요. 가난했지만 가족의 사랑을 듬뿍 받으며 자랐기에 안정감이 있고, 긍정에너지가 넘칩니다. 덕분에 삭막했던 빵집 분위기가 화사하게 바뀌고, 웃지 않던 외삼촌의 마음까지 따뜻하게 변합니다.

2. 목표
- 주인공의 긍정의 힘이 주변 환경에 끼친 영향을 생각해 본다.
- 욕구위계표를 그리면서 주인공과 나의 욕구는 얼마나 채워졌는지 살펴본다.

3. 준비물
책, 색연필

4. 진행순서 [워크시트 303p]
1) 긍정적인 마인드를 연상할 수 있는 이미지와 주인공의 상황을 연결시켜 본다.
2) 주인공의 말과 행동을 통해 어떤 성격인지 생각해 본다.
3) 주인공의 긍정적인 마인드가 주변을 어떻게 변화시켰는지 살펴보게 한다.
4) 매슬로우의 욕구위계표를 간단히 설명한다.
5) 주인공과 나의 욕구는 얼마나 충족되어 있는지 생각한다.
6) 혹시 채워지지 않은 부분이 있다면 그 이유가 무엇인지 생각한다.
7) 나의 엄마의 욕구위계표는 어떨지 생각한다.

5. 수업 사례

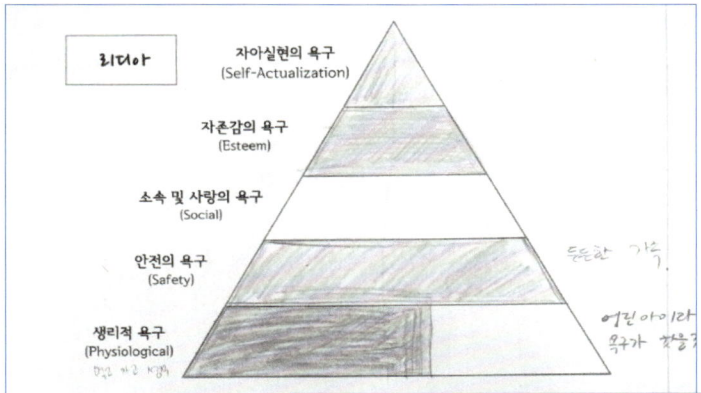

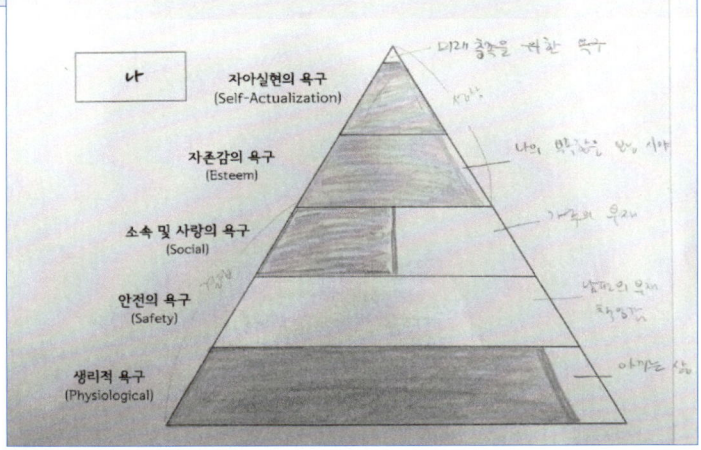

> **Tip.** 독서치료에 활용되는 데이비드 스몰의 그림책

『꿈을 나르는 '책 아주머니' (원제: That Book Woman)』 헤더 헨슨 글, 데이비드 스몰 그림, 비룡소
『도서관 (원제: The Library)』 사라 스튜어트 글, 시공주니어
『머리에 뿔이 났어요 (원제: Imogene's Antlers)』 소년한길
『바늘땀 – 여섯 살 소년의 인생 스케치 (원제: Stitches)』 미메시스
* 영상: Five Scenes from David Small's "Stitches" (https://vimeo.com)
『엘리엇에게 엉뚱한 친구가 생겼어요 (원제: One Cool Friend)』 토니 부제오 글, 데이비드 스몰 그림, 다산기획

4-7 가족의 형태는 다양해요
『엄마~~~아!』 기무라 유이치 글, 미야니시 타츠야 그림, 책과콩나무

진솔이가 다니는 학교는 규모가 작고, 학교 행사마다 부모님들이 참여하기 때문에 가족처럼 지낸다고 합니다. 진솔이는 아기 때 공개 입양되었는데, 5학년 친구들도 모두 알고 배려해주어서 학교생활에 지장은 없답니다. 해마다 모 재단에서 주최하는 입양가족 캠프가 있어서 그곳에서 만난 아이들과도 교류를 하고 있어요. 가끔 진솔이의 글에서 진한 외로움이 묻어나기도 하지만, 아이돌을 좋아하고 유튜브에 빠져있는 평범한 학생입니다.

진솔이는 키워주신 부모님의 사랑을 듬뿍 받고 자랐어요. 그래서인지 『엄마~~~아!』의 주인공인 늑대 '구'의 행동을 보며 '철딱서니 없는 녀석'이라고 합니다. 아무리 데려다 키운 자식이라도 엄마한테 저렇게 하는 건 아니라는 겁니다. 진솔이는 자기를 눈물로 키워준 엄마를 평생 잘 돌봐드릴 거라고 하는데 제 마음이 따뜻해지더군요.

1. 매체 소개
『폭풍우 치는 밤에』, 『흔들흔들 다리 위에서』의 글을 쓴 기무라 유이치의 작품입니다. 늑대 '구'는 자신을 키워준 족제비 엄마를 부끄러워합니다. 친구들이 놀릴 때마다 엄마를 창피해하면서 늑대 무리의 수장이 되어 거친 행동을 보입니다. 족제비 엄마는 그런 아들을 멀리서 지켜보며 눈물을 흘리지요. 어느 날, 늑대 세력의 갑작스런 공격에 위험에 처한 아들을 구하려고 족제비 엄마는 죽을 힘을 다해 싸웁니다. 족제비 엄마의 헌신적인 사랑을 통해 새로운 가족의 형태를 보여주는 그림책입니다.

2. 목표
- 등장인물의 입장이 되어 각 상황을 이해하고 공감능력을 키운다.
- 새로운 가족의 형태에 열린 마음으로 다가선다.

3. 준비물
책, 색연필

4. 진행순서 [워크시트 306p]
1) 입양가족의 사진을 보면서 브레인스토밍을 한다.
2) 각 상황에서 등장인물의 기분이 어땠을지 감정지수로 표현해 본다.
3) [하트하트 게임]을 활용하여 등장인물의 마음에 공감하는 연습을 한다.
4) 새로운 가족의 형태를 열린 마음으로 바라본다.
5) 주인공의 입장이 되어 자신을 키워준 족제비 엄마에게 사랑의 편지를 쓴다.

5. 수업 사례

답변 예시

1. 늑대 '구'는 왜 자신을 데려다 정성껏 키워준 족제비 엄마를 창피하게 생각했을까요?
⇒ (깨진 알 그림) 엄마가 늑대가 아닌 족제비니까, 알 속에 있는 새끼가 알에 금이 가서 못 자라는 것만큼 가슴이 아팠을 것 같아요.

2. 그때 '구'의 바람(want)은 무엇이었나요?
⇒ (Open 그림) 우리 엄마도 늑대라면 언제나 문을 열고 친구들을 데리고 와서 놀고 싶은 마음일 것 같아요.

Tip. 동영상 자료

〈집사부일체〉 37회 '차인표, 신애라 편'
https://programs.sbs.co.kr/enter/2018house/

Tip. 다양한 가족을 소개하는 그림책

『고슴도치 아이』 카타지나 코토프스카 지음, 보림
『기러기 (원제: Goose)』 몰리 뱅 지음, 마루벌
『나도 가족일까? (원제: Il Richiamo Della Palude)』 다비드 칼리 글, 마르코 소마 그림, 풀빛
『난 네 엄마가 아니야! (원제: Je Ne Suis Pas Ta Maman)』 마리안느 뒤비크 지음, 고래뱃속
『불곰에게 잡혀간 우리 아빠』 허은미 글, 김진화 그림, 여유당
『삐약이 엄마』 백희나 지음, 책읽는곰
『새로운 가족을 찾아주세요! (원제: Help A Hamster)』 힐러리 로빈슨 글, 맨디 스탠리 그림, 지혜정원
『스텔라네 가족 (원제: Stella Brings The Family)』 미리엄 비 쉬퍼 글, 홀리 클리프턴-브라운 그림, 불의여우
『우리 엄마는 외국인』 줄리안 무어 글, 메일로 소 그림, 봄볕
『우리에게 온 특별한 아기 (원제: Stora Bebisbytet)』 페테르 리드벡 글, 리센 아드보게 그림, 어린이작가정신
『한국에서 부란이 서란이가 왔어요! (원제: Här kommer Bu-ran och Seo-ran från Korea)』 요란 슐츠, 모니카 슐츠 지음, 고래이야기

4-8 엄마를 돕고 싶어요

『엄마의 의자 (원제: A Chair for my mother)』 베라 윌리엄스 지음, 시공주니어

> 중학교 입학을 앞둔 수영이는 교복은행에 다녀왔어요. 2년 전 아빠와 이혼한 엄마가 마사지 숍에서 고생하시는 걸 알기 때문이죠. 친구들은 아이돌이 광고하는 브랜드 매장에 가서 브로마이드를 받아오기도 했지만, 수영이는 참을 수 있대요. 이 지역에서 교복이 제일 예쁜 중학교에 배정이 되어서 입던 옷이라도 봐줄 만하답니다. 친구 중에 할머니와 사는 애가 있는데 엄마가 보고 싶어서 자주 운다면서, 자기는 엄마랑 살아서 좋다고 하네요.
>
> 수영이는 『엄마의 의자』에 나오는 소녀가 유리병에 동전을 가득 모으는 그림을 보더니, 자기도 저금통을 살 거라고 합니다. 엄마가 다른 아줌마들 얼굴은 부드럽게 해주면서, 정작 엄마 손은 거친 거북이 등껍질처럼 변해서 속상하대요. 용돈을 모아 엄마의 예쁜 장갑과 발 마사지 기계를 사고 싶답니다. 수영이의 이런 바람을 전해 들은 엄마는 눈이 빨개지도록 우셨어요.

1. 매체 소개
엄마, 할머니와 살고 있는 소녀에게는 작은 소원이 있습니다. 일 년 전, 소녀의 집에 불이 나서 살림살이가 모두 타버렸어요. 이웃의 도움으로 침대와 양탄자, 커튼 등은 마련했지만, 하루 종일 식당에서 일하고 돌아오는 엄마가 편안하게 쉴 안락의자가 없습니다. 식당일을 하고 팁으로 받은 동전을 유리병에 모아 드디어 의자를 사러 갑니다. 각 장의 테두리마다 달라지는 색깔과 무늬를 보는 재미도 있습니다. 1927년 미국에서 태어나 경제 대공황 시기에 어린 시절을 보낸 작가인 베라 윌리엄스는 『엄마의 의자』를 통해 가족의 따뜻한 사랑을 보여주고 있습니다. 이 책은 1983년 보스턴 글로브 혼북상과 칼데콧 아너상을 수상했습니다.

2. 목표
- 엄마를 아끼고 도와주고 싶어 하는 주인공의 마음에 공감해 본다.
- 부모님께 드리고 싶은 선물을 그리면서 사랑의 마음을 표현한다.

3. 준비물
책, 색연필, 노래 '우리 어머니' / 백창우 노래창고

4. 진행순서 [워크시트 309p]
1) 이원수 시에 곡을 붙인 '우리 어머니' 노래를 들으며 엄마에 대해 생각한다.
2) 엄마를 사랑하는 주인공에게 주고 싶은 선물을 그려본다.
3) 부모님께 전하고 싶은 말과 선물을 그리면서 부모님께 감사하는 마음을 가진다.
4) 선물 그림 옆에 드리고 싶은 이유를 간단히 적는다.

5. 수업 사례

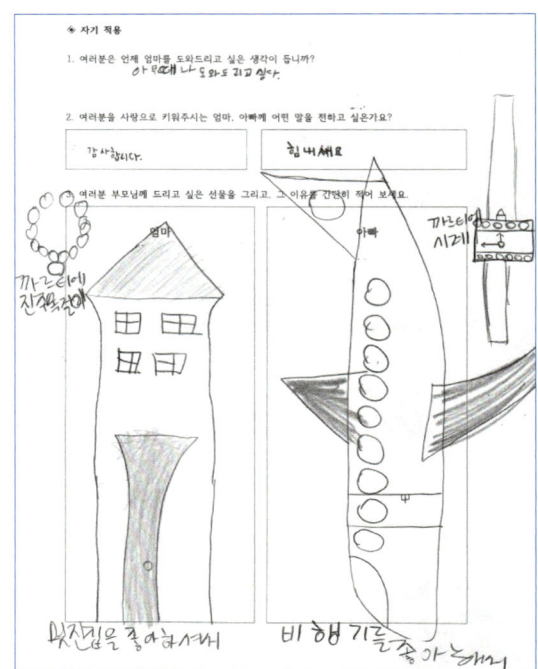

4-9 엄마에게도 꿈이 있어요
『피아노 치는 곰』 김영진 지음, 길벗어린이

3형제 중 맏이인 4학년 준이는 오늘 머리에 까치집을 짓고 학교에 갔다고 합니다. 아빠가 차려준 시리얼과 삶은 달걀을 먹고, 병설유치원에 가는 쌍둥이 동생들과 함께 집을 나섰지요. 준이네 엄마는 이틀 전 갑자기 혼자서 여행을 다녀오고 싶다면서 제주도에 가셨답니다. 평소에 알던 준이 엄마는 저에게 "선생님~ 꼭 아들 넷을 키우는 것 같아요."하면서 기미가 잔뜩 낀 얼굴로 웃어 보였거든요. 준이는 혼자 여행 간 엄마가 야속해서 표정이 어둡습니다.

준이에게 『피아노 치는 곰』을 읽어주자, 사과를 들고 눈물이 고여 있는 곰 엄마의 장면을 한참 바라봅니다. 자기네 집과 비슷하긴 하지만, 준이네는 청진기가 없다고 합니다. 준이 엄마가 표현 없는 남자들과 살면서 얼마나 답답했을지 상상이 됩니다. 이 책을 아빠, 동생들과 함께 읽어보라고 준이 가방에 넣어주었어요.

1. 매체 소개
'지원이와 병관이 시리즈'로 유명한 김영진 작가의 그림책입니다. 집안일을 하고 아이들을 챙기느라 하루가 바쁘게 지나가는 엄마는 요즘 창밖을 보며 한숨을 자주 쉽니다. 그러던 어느 날, 엄마는 곰으로 변하고 맙니다. 할머니는 엄마의 마음의 소리를 들을 수 있는 청진기를 가지고 오십니다. 곰으로 변한 엄마는 피아노를 치고 싶다고 합니다. 과연 엄마는 언제 다시 사람으로 변할까요? 가족을 위해 자신의 꿈을 접고 양육에만 힘쓰는 엄마들을 지지하고 응원하는 좋은 그림책입니다. '김영진 그림책' 시리즈는 『노래하는 볼돼지』, 『엄마는 회사에서 내 생각 해?』, 『아빠는 회사에서 내 생각 해?』, 『미안하고 고맙고 사랑해』로 『피아노 치는 곰』이 다섯 번째 이야기입니다.

2. 목표
- 곰으로 변한 주인공의 상황을 이해하고 공감능력을 키운다.
- 엄마의 입장이 되어 어떤 꿈이 있을지 시로 표현한다.

3. 준비물
책, 색연필

4. 진행순서 [워크시트 312p]
1) 엄마를 떠올리면 생각나는 다양한 것들을 정리하며 엄마를 깊이 이해한다.
2) 주인공 엄마가 곰으로 변하게 된 이유를 다각도로 살펴본다.
3) 주인공 엄마가 가족들에게 어떤 말을 하고 싶을지 생각한다.
4) 엄마의 입장이 되어 우리 가족들에게 원하는 것이 무엇일지 생각한다.
5) 엄마가 원하는 것이 무엇인지 시로 표현한다.

5. 수업 사례

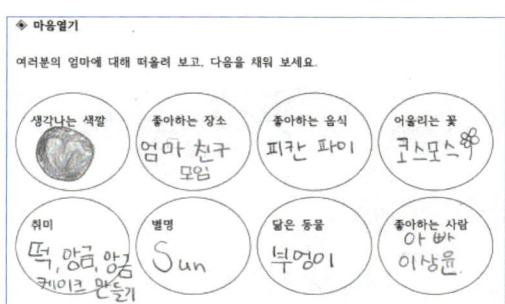

제4장 부모-자녀 관계 회복

[응용 활동] 엄마의 꿈을 상상해서 그려보기

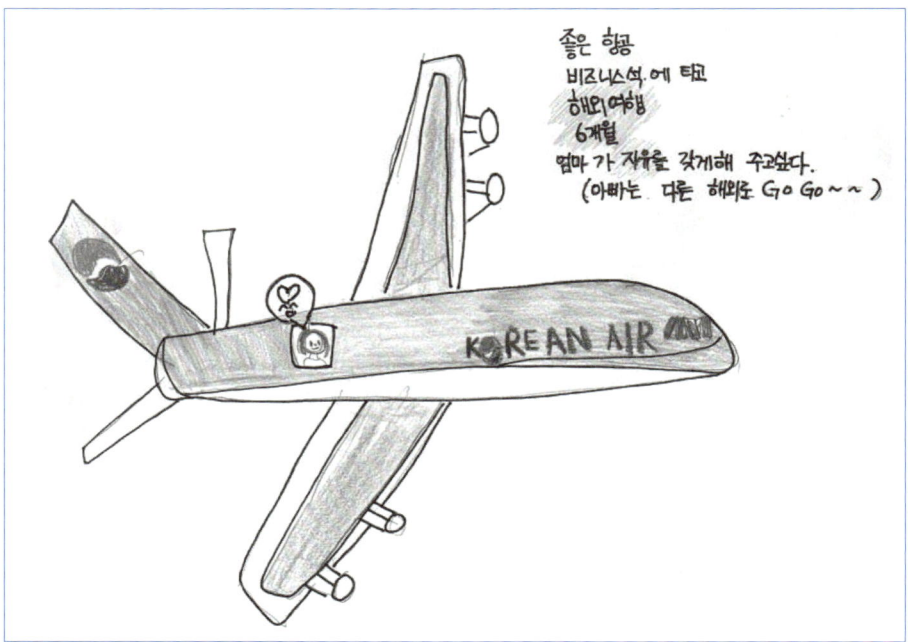

4-10 사랑의 마음을 확인해요

『파랑 오리 (원제: Blue Duck)』릴리아 지음, 킨더랜드

> 6학년 경빈이는 할머니, 아빠와 함께 살고 있어요. 엄마는 세 살 때 이혼해서 헤어진 뒤 재혼을 하셨지요. 경빈이는 한 달에 한 번 만나는 엄마보다 자신을 정성껏 키워주신 할머니에 대한 애정이 큽니다. 그런데 요즘 할머니가 노인장기요양 등급 판정을 받으셨다고 해요. 가스불 위에서 국솥을 태우고, 아파트 동호수를 잊어버리시더니 치매 4등급을 받으셨어요. 경빈이는 새벽 출근을 하는 아빠를 대신해서 아침마다 주간요양보호센터 봉고차에 할머니를 태워드리고 등교를 해요. 엄마처럼 지켜주던 할머니가 약해지는 모습을 보는 게 힘든가 봅니다.
>
> 경빈이의 이야기를 듣고 신간인 『파랑 오리』를 주문해서 함께 읽었어요. 어른이 된 악어가 파랑 오리를 씻겨 주고 재우는 장면을 보더니 울컥 하더군요. 할머니도 그렇게 어린애처럼 행동하는데 안타깝다면서요... 자기는 악어처럼 크지도 않고 해드릴 게 너무 없다면서 애어른 같은 말을 합니다. 요양보호센터가 있다는 게 정말 감사하다는 생각을 했어요.

1. 매체 소개
파랑 오리는 호숫가에서 엄마를 잃고 울고 있는 아기 악어를 넘칠 듯 찰랑대는 사랑으로 키워줍니다. 어느덧 나이가 들고 치매에 걸린 파랑 오리는 기억을 잃고 점점 아기처럼 변해갑니다. 이제 어른이 된 악어가 엄마를 꼭 안아주면서 지켜주겠다고 약속합니다. 부에노스아이레스에서 태어난 작가 릴리아는 한국으로 건너와서 어린이 동화책의 일러스트를 그리고 있습니다. 그는 작가의 말에서 다음과 같이 말합니다. "미래의 부모님을 생각하는 마음을 담았습니다. 악어처럼 단단하게 지켜주고 싶은 마음이지요."

2. 목표
- 인생 곡선을 그리며 등장인물의 기분이 어땠을지 살펴본다.
- 다양한 독후활동을 통해 엄마의 사랑을 확인한다.

3. 준비물
책, 색연필, 동영상 자료

4. 진행순서 [워크시트 314p]
1) KBS스페셜 〈주문을 잊은 음식점〉을 보면서 치매 어르신들의 모습을 살펴본다.
2) 각 상황에서 악어의 기분이 어땠을지 색깔로 표현하고 그 이유를 생각한다.
3) 파랑 오리의 입장이 되어 인생 곡선을 그린다.
4) 왼쪽 점선의 가운데에 0을 쓰고, 위로는 +숫자, 아래로는 -숫자를 쓴다.
5) 교사상담사가 4~5가지 상황을 알려주고, 그때 오리 엄마의 기분을 점으로 찍는다
6) 파랑 오리 엄마에게 줄 상장을 생각해 본다.
7) 평소 엄마께 어떤 감사함을 느끼고 있었는지 상장과 편지로 표현한다.

> **Tip.** 동영상 자료

KBS스페셜 〈주문을 잊은 음식점〉
http://program.kbs.co.kr/contents/

5. 수업 사례

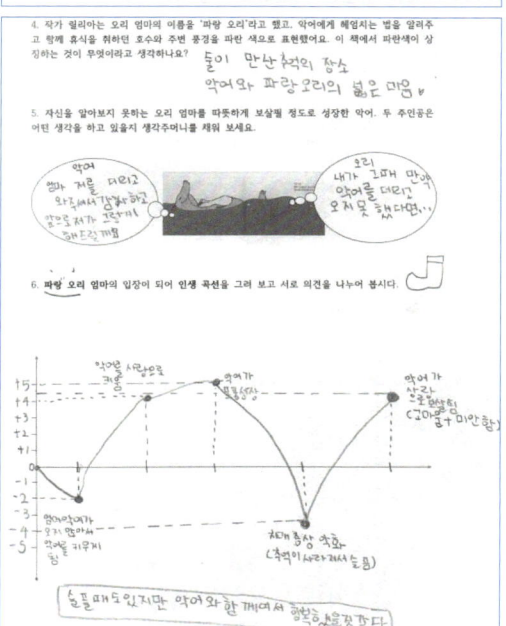
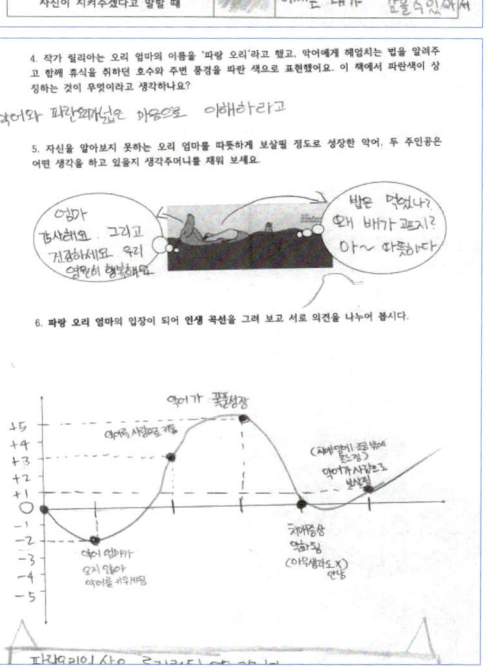

[엄마를 위한 상장 만들기]

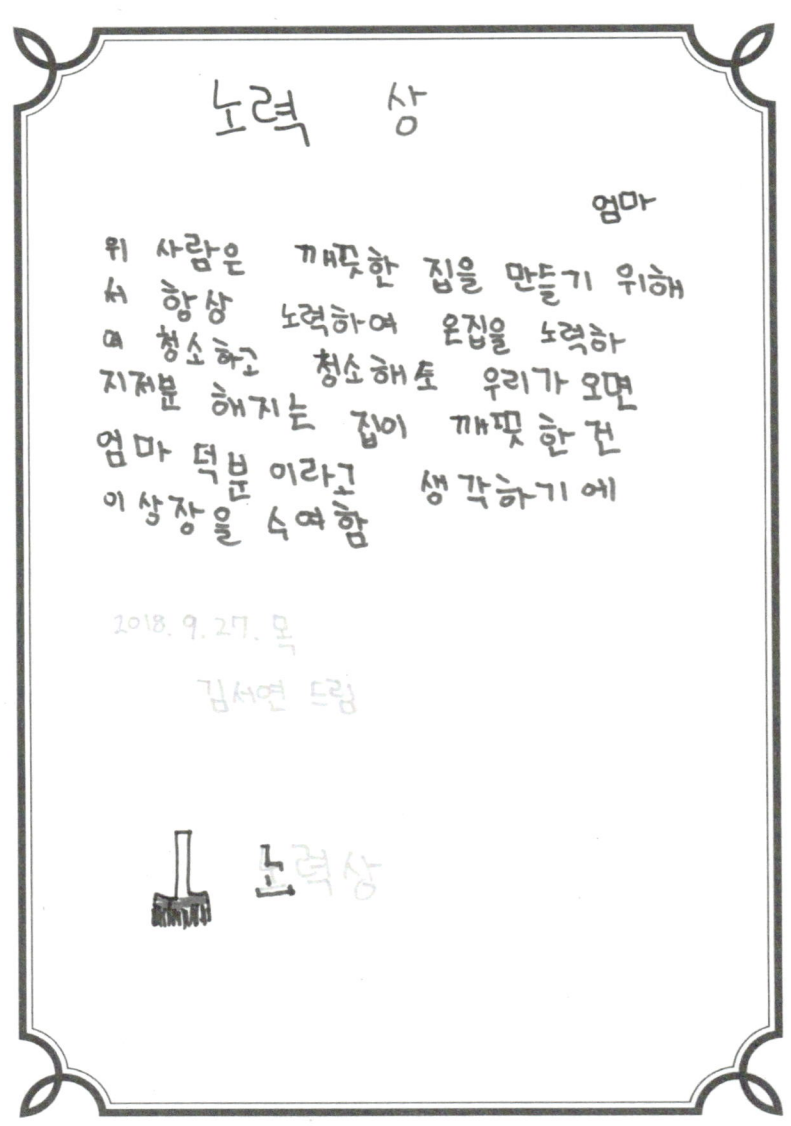

Bibliotherapy

궁금해요
모모쌤의
독서테라피
WORK SHEET

부모-자녀 관계 회복
프로그램

 ## 완벽한 엄마는 없어요
『착한 엄마가 되어라, 얍!』 허은미 글, 오정택 그림, 웅진주니어

마음 열기

여러분에게 마술 봉이 있다면 언제 엄마에게 마술을 걸고 싶은가요?

생각 넓히기

1. 다음은 주인공이 생각하는 '착한 엄마'입니다. 여러분의 생각은 어떤가요?

> 잘 들어주는 엄마 / 내가 원하는 걸 뭐든지 척척 알아맞히는 엄마
>
> 잘 웃어주는 엄마 / 넓은 품에 안기면 기분이 좋아지는 엄마
>
> 맛있는 음식을 뚝딱 잘 만드는 엄마 / 말 잘 듣는 착한 동생을 낳아주는 엄마
>
> 힘이 세서 나를 잘 지켜주는 엄마 / (   )
>
> (   ) / (   )

궁금해요, 모모쌤의 독서테라피

2. 여러분과 엄마의 뇌 구조에는 어떤 생각으로 가득 차 있을까요?

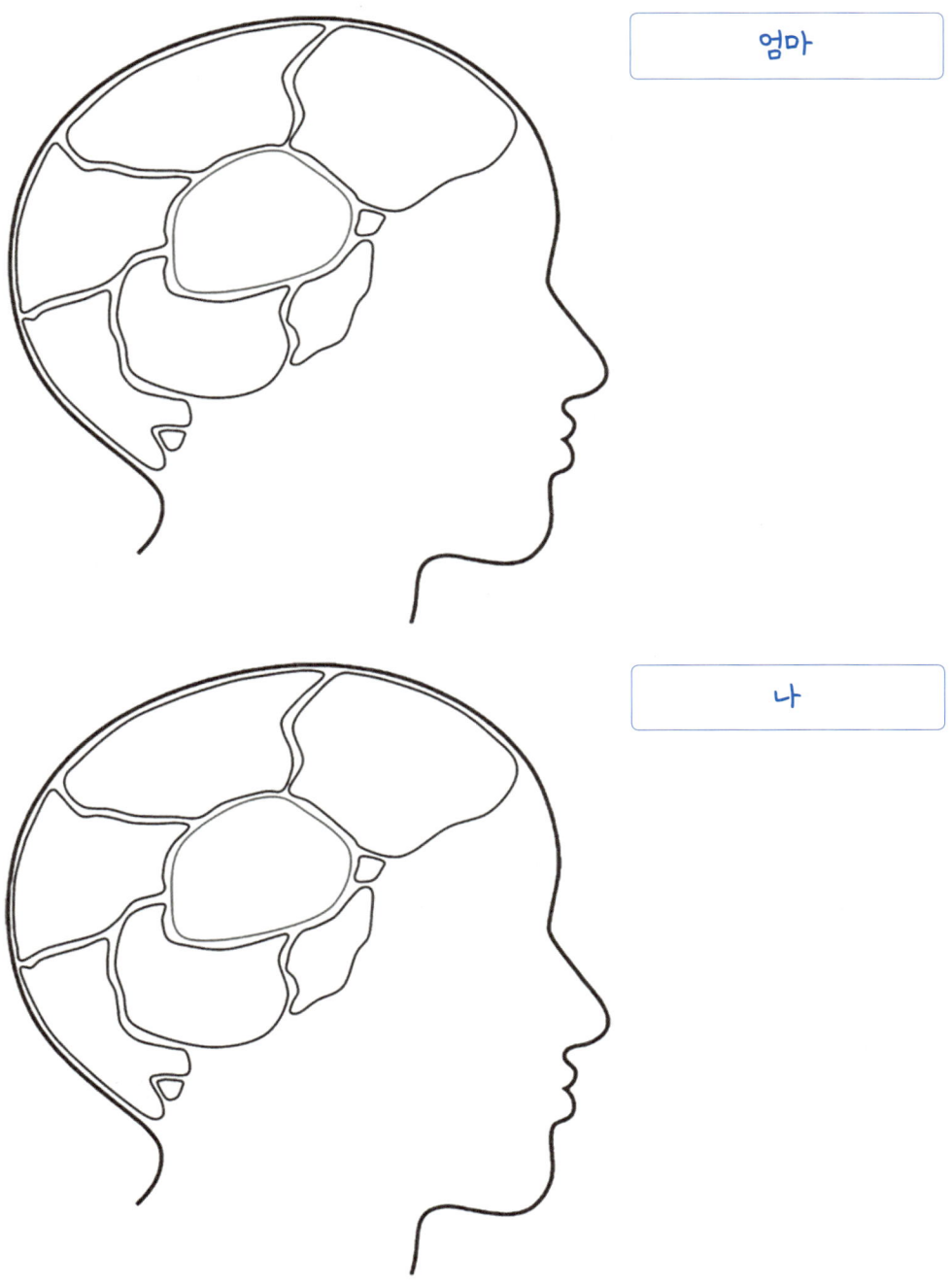

자기 적용하기

1. 사랑하는 가족이라도 내가 어떤 생각을 하는지 표현하지 않으면 서로 잘 모를 수가 있답니다. 여러분의 엄마께 하고 싶은 말은 무엇인가요?

2. 엄마를 생각하면서 주어진 칸에 맞추어 단어 시를 써보세요

엄마를 한 글자로 ☐
엄마를 두 글자로 ☐☐
엄마를 세 글자로 ☐☐☐
엄마를 네 글자로 ☐☐☐☐
엄마를 다섯 글자로 ☐☐☐☐☐
엄마를 여섯 글자로 ☐☐☐☐☐☐
엄마를 일곱 글자로 ☐☐☐☐☐☐☐
엄마를 여덟 글자로 ☐☐☐☐☐☐☐☐
엄마를 아홉 글자로 ☐☐☐☐☐☐☐☐☐
엄마를 열 글자로 ☐☐☐☐☐☐☐☐☐☐

3. 시를 써 본 소감을 나눠 봅시다.

 ## 4-2 엄마, 사랑해요
『우리 엄마 (원제: My mom)』 앤서니 브라운 지음, 웅진주니어

마음 열기

여러분 엄마의 이름으로 삼행시(사행시)를 지어 봅시다.

생각 넓히기

여러분의 엄마를 생각하면서 다음 내용을 바꿔 보세요.

우리 엄마는 참 멋져요.	우리 엄마는 참 ( ).
우리 엄마는 굉장한 요리사이고,	우리 엄마는 굉장한 ( ) 이고,
놀라운 재주꾼이에요.	놀라운 ( ).
우리 엄마는 천사처럼 노래할 수도 있고	우리 엄마는 ( )처럼 ( )할 수도 있고
사자처럼 으르릉 소리칠 수도 있어요.	( )처럼 ( )수도 있어요.
우리 엄마는 무용가가 되거나	우리 엄마는 ( )가 되거나
우주비행사가 될 수도 있었어요.	( )가 될 수도 있었어요.
하지만 우리 엄마가 되었죠.	하지만 ( )가 되었죠.
나는 엄마를 사랑해요.	나는 엄마를 ( ).
그리고 엄마도 나를 사랑한답니다.	그리고 엄마도 나를 ( ).

자기 적용하기

1. 점토로 '엄마'하면 생각나는 사물을 3가지 만들어 봅시다. (예시)

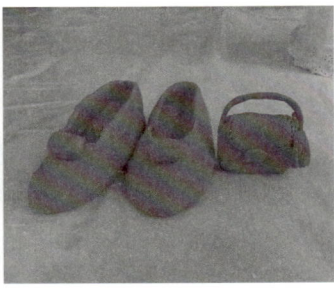

2. 여러분이 만든 작품에 대해 설명해 보세요. 이 작품이 말하고 싶은 것은 무엇인가요?

작품 이름	만든 이유

 # 나는 자라는 중이에요
『내 이름은 자가주 (원제: Zagazoo)』 퀜틴 블레이크 지음, 마루벌

마음 열기

다음 동영상을 감상한 소감을 말해 보세요.

게티이미지 광고, 인생을 85초에 생생하게 담아내다
출처 : gettyimagesKOREA

생각 넓히기

1. 다음은 '자가주'를 표현한 대상입니다. 사람의 성장 과정으로 비유하자면 몇 살 정도이고, 어떤 특징이 있을까요?

상징적 동물	연 령	특징 (성격 / 행동)
분홍빛 생물	1~2세	귀엽고 사랑스러움, 기어 다니고 잠을 많이 잠
새끼 대머리독수리		
새끼 코끼리		
멧돼지		
못된 새끼용		
박쥐		
낯선 털북숭이		

2. 여러분은 지금 어느 시기에 있다고 생각합니까?

3. 여자 친구가 생긴 말끔한 청년 '자가주'가 부모님을 찾아갔을 때, 두 분은 갈색 펠리컨으로 변해 있었어요. 이것이 상징하는 것은 무엇인가요?

자기 적용하기

1. [나의 성장기]를 돌아보세요. 각 시기에 여러분은 무엇을 원했나요?

연 령	특 징	원하는 것
1~3세		
4~6세		
유치원 시기		
초등 저학년		

2. [나의 성장기]를 꼬마책으로 만들어 보고, 소감을 나눠 봅시다.

(예시)

 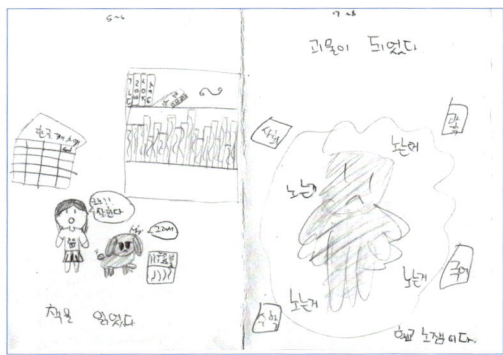

제4장 부모-자녀 관계 회복

4-4 의사소통 유형을 돌아봐요

『부루퉁한 스핑키 (원제: Spinky Sulks)』 윌리엄 스타이그 지음, 비룡소

마음 열기

여러분은 화가 났을 때 주로 어떻게 반응하고 있나요?

◯ ◯ ◯ ◯

생각 넓히기

1. 가족과 친구들은 '스핑키'의 화를 풀려고 애를 씁니다. 이들의 태도에 대해 어떻게 생각하나요?

엄마	
아빠	
형, 누나	
친구들	
할머니	

2. 여러분이 '스핑키'라면 가족에게 어떤 말을 듣고 싶을까요?

3. 이 책의 등장인물은 어떤 의사소통 유형을 보이고 있는지 살펴봅시다. 어떻게 하면 '스핑키'의 마음을 위로해 줄 수 있는 일치형 대화를 할 수 있을까요?

의사소통 유형		특징	대화 방식
역기능적	회유형	자기 자신의 의사보다는 상대방의 의견을 동조하려고 애씀	누나: "스핑키 대장님, 내가 잘못했다니까!" 엄마: "엄만 네가 태어난 그 순간부터, 아니 그 이전부터 사랑했어. 이제 그만 화를 풀어."
	비난형	지배적이며 상대방을 비난함	아빠: "너는 왜 나잇값을 못 하고 애처럼 행동하는 거니?"
	초이성형	객관적이고 냉소적이며 정서적으로 교류하지 않음	형: "야, 스핑크스, 엄마가 점심 먹으러 들어오래."
	산만형	주변 상황에 관심이 없고 무성의한 태도를 취함	친구들: "야, 스핑키는 해먹에서 왜 저러고 있냐?"
기능적	일치형	언어에 진솔한 감정이 묻어나고, 타인을 존중하는 자세로 말함	

4. 부모-자녀 간 원활한 의사소통을 위해서는 부모가 자녀를 독립적인 인격체로 존중하면서 수용적이고 지지적인 의사소통을 하도록 노력해야 합니다. 여러분의 가족은 어떤 의사소통을 하고 있나요?

자기 적용하기

1. 여러분은 화가 났을 때 상대방에게 잘 표현하고 있나요? 화가 났을 때 소리를 지르는 것보다 상대방이 알아들을 만한 수준에서 내 감정을 전달하는 것이 효과적입니다.

나 전달법 (I-message)	
1단계 (사실)	상대방의 행동을 평가하거나 비난하지 않고 말한다.
2단계 (영향)	그 행동이 나에게 미친 영향을 구체적으로 말한다.
3단계 (감정)	나의 감정을 솔직히 말하고 긍정적으로 마무리한다.

연습

"어제 축구하자고 해 놓고서 왜 약속을 안 지켰냐? 정말 열 받네."

1단계 (사실)	네가 어제 저녁에 같이 축구 하자고 약속해 놓고서 나오지 않아서,
2단계 (영향)	어제 저녁 8시까지 공원에서 너를 기다리느라 시간을 보냈잖아.
3단계 (감정)	그래서 나는 정말 ( ).

적용 (화가 났을때 내가 했던 말)

« »

1단계 (사실)	
2단계 (영향)	
3단계 (감정)	

2. 여러분은 사람들과 편안한 대화를 나누고 싶은가요? 상대방을 바라보면서 고개를 끄덕여 보세요. 여러분과 의견이 다를 수 있다는 것을 인정하면 더욱 좋습니다.

비폭력 대화 (NonViolent Communication: NVC)	
관찰	어떤 상황에서 있는 그대로 무엇이 일어나고 있는가를 관찰한다.
느낌	그 행동을 보았을 때의 느낌을 말한다.
욕구/필요	자신이 알아차린 느낌이 내면의 어떤 욕구와 연결되는지 표현한다.
부탁	다른 사람이 해 주기를 바라는 것을 부드럽게 부탁한다.

연습

"내가 알아서 할 건데, 엄마는 왜 그렇게 자주 짜증을 내?"

관찰	엄마가 나한테 자주 짜증을 내니까...
느낌	
욕구/필요	
부탁	

4-5 양육태도를 돌아봐요
『커다란 악어알』 김란주 글, 타니아손 그림, 파란자전거

마음 열기

다음 이미지를 보면서 연상되는 단어를 10가지 말해 보세요.

출처: https://www.parentingsecrets.co

생각 넓히기

1. 여러분이 알 속에서 태어날 준비를 하는 새끼 악어라면 가족들에게 어떤 기대를 할까요?

   [   ]

2. 굉장이가 태어났을 때 가족들의 반응입니다. 각 상황에서 굉장이의 기분은 어땠을까요?

	엄마, 아빠, 형들	할머니
가족의 반응	한 발짝만 걸어도 다리가 똑 부러지겠다. 개미들도 골려 댈 거야. 도마뱀 새끼라 해도 믿겠어. 저 입으로 풀이나 뜯을 수 있겠어?	내 이럴 줄 알았다니까. 요 몸으로 커다란 알을 깨고 나왔으니, 돌도 삼킬 수 있겠구나. 코끼리처럼 쿵쿵 잘 걷겠구나. 다리의 힘 좀 보라고! 아하하하!
굉장이의 기분		

3. 굉장이에게 할머니는 어떤 존재였을까요?

   [   ]

4. 굉장이가 자신감 있고, 씩씩한 악어로 성장하려면 가족들이 어떤 말을 해주면 좋을까요?

   [   ]

자기 적용하기

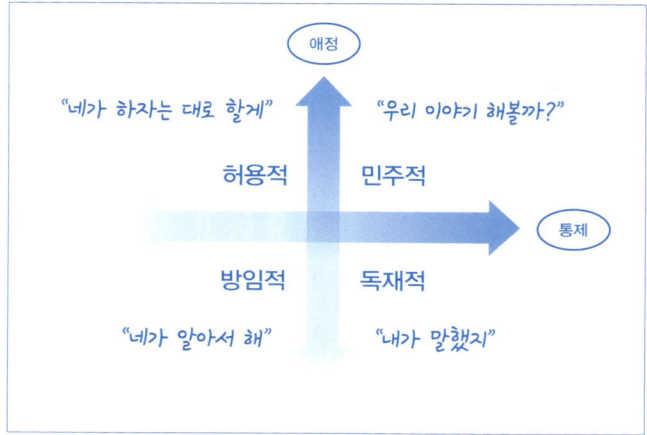

1. 부모 양육태도는 네 가지 유형으로 나눌 수 있습니다. 굉장이네 부모님과 할머니는 어떤 유형에 속할까요?

2. 여러분의 부모님은 어떤 양육태도를 자주 보인다고 하나요?

3. 여러분은 나중에 어떤 양육태도를 보이는 부모가 되고 싶은지 적어보세요.

나는 이런 부모가 될 거예요.

1.
2.
3.
4.
5.

 ## 나의 욕구를 확인해요

『**리디아의 정원 (원제: The Gardener)**』 사라 스튜어트 글, 데이비드 스몰 그림, 시공주니어

마음 열기

1. 다음 이미지를 보고 떠오르는 느낌을 말해 보세요. 이 책의 주제와 어떤 관련이 있을까요?

출처 : www.123rf.com

2. 1930년대 중반, 미국은 경제 대공황으로 직장을 잃는 사람들이 많았습니다. 꽃을 가꾸는 정원사가 되고 싶은 리디아네 아빠도 마찬가지였지요. 경제적인 어려움으로 11개월 동안 가족과 떨어져서 일을 하며 지내야 했던 리디아는 어떤 마음이었을까요?

생각 넓히기

1. 다음 리디아의 말과 행동으로 보아 어떤 성격으로 보이나요?

"저는 작아도 힘은 세답니다."

"엄마가 입던 옷으로 이렇게 예쁜 옷을 만들어 주셔서 고맙습니다. 이 옷을 입고 있어서인지 제가 무척이나 예쁘게 보입니다. 엄마가 이 옷 때문에 너무 속상해하지 않았으면 좋겠어요."

제4장 부모-자녀 관계 회복

2. 리디아는 비밀 옥상을 멋지게 꾸며 외삼촌을 깜짝 놀라게 합니다. 일주일 뒤 외삼촌으로부터 받은 '꽃으로 뒤덮인 케이크'에는 외삼촌의 어떤 마음이 담겨져 있을까요?

3. 리디아는 주변을 어떻게 바꿔 놓았나요?

이전	이후
비어있던 베란다 창틀과 텅 빈 빵가게 주변이 ▶	예쁜 꽃들로 가득해져서 사람들이 즐거워하며 찾아오게 됨
쓰레기와 못 쓰는 물건들로 지저분했던 옥상이 ▶	
웃지 않으시던 외삼촌이 ▶	

4. 여러분에게 리디아의 옥상과 같은 '비밀장소'가 있다면 어떤 변화를 주고 싶은가요?

자기 적용하기

※ 인본주의 심리학자 매슬로우에 의하면 인간의 욕구는 행동을 불러일으키는 근원적인 힘이고, 이러한 욕구가 생기는 것은 자연스러운 일이라고 합니다.

단계	매슬로우의 욕구위계	내용
1단계	생리적 욕구 (Physiological Needs)	배고픔, 갈증, 배설과 수면, 고통 회피, 성적 욕구 등 가장 기본적이고 강력한 욕구
2단계	안전의 욕구 (Safety Needs)	신체적 안정과 심리적 안정을 포함하여 공포, 불안, 무질서, 전쟁, 질병, 천재지변의 위기로부터 벗어나려는 욕구
3단계	소속감과 애정의 욕구 (Belongingness and Love Needs)	소외감이나 고독감에서 벗어나기 위해 동반자, 가족, 친구, 이웃 등에 의해 제공되는 애정과 친밀함을 추구하는 욕구
4단계	자존의 욕구 (Esteem Needs)	자기 자신과 주변 사람들로부터 긍정적인 평가와 존경을 받고 싶어 하는 욕구
5단계	자아실현의 욕구 (Self-Actualization Needs)	인간의 모든 능력을 최대한 개발하고 사용하고 싶은 욕구

1. 리디아는 매슬로우의 5단계 욕구가 어느 정도 채워져 있는지 충족된 부분을 색칠해 보세요. 부족한 부분이 있다면 그 이유를 적어 보세요.

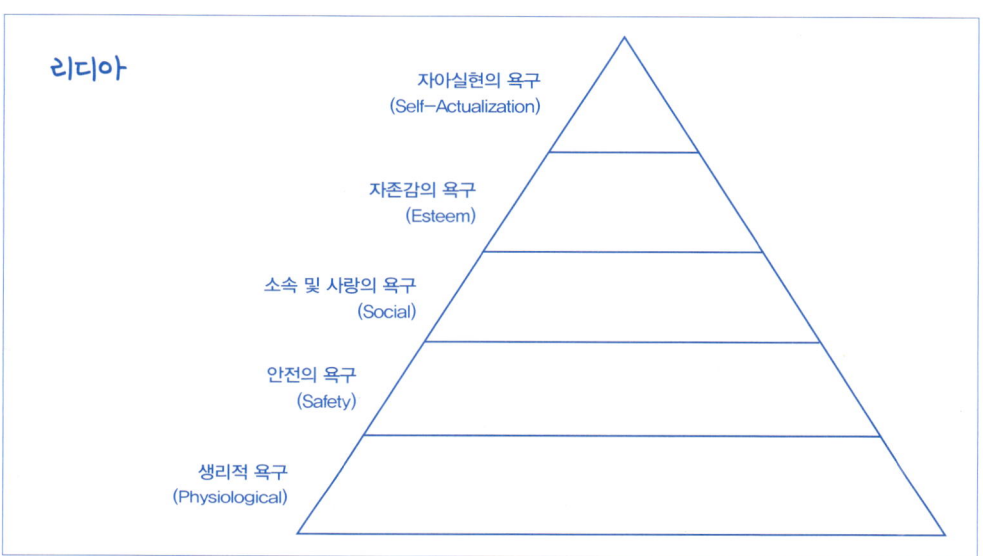

2. 여러분은 매슬로우의 5단계 욕구가 어느 정도 채워져 있는지 충족된 부분을 색칠해 보세요. 부족한 부분이 있다면 그 이유를 적어 보세요.

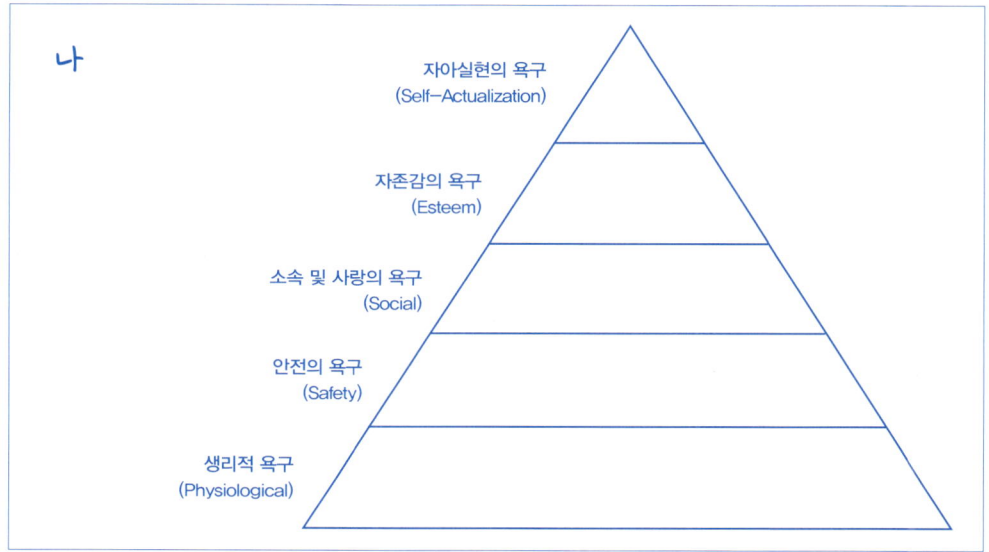

4-7 가족의 형태는 다양해요

『엄마~~~아!』 기무라 유이치 글, 미야니시 타츠야 그림, 책과콩나무

마음 열기

1. 다음 이미지를 보고 떠오르는 느낌을 말해 보세요.

출처 : MBC다큐 스페셜 / 한국컴패션

2. 주변에서 새로운 형태의 가족 구성원을 본 적이 있나요?
(예: 입양가족, 한부모가족, 조손가족, 다문화가족 등)

생각 넓히기

1. 다음 각 상황에서 늑대 '구'와 족제비 엄마의 기분은 어땠을까요? [-10 ~ +10]의 감정지수로 표현해 보세요.

상 황	구의 기분	엄마의 기분
친구들이 "구네 엄마는 족제비래요~~!"라고 약 올릴 때		
친구들에게 엄마를 알리는 것을 창피하게 생각하고, 싸움 대장이 되어갈 때		
다른 산에 사는 늑대들이 비겁한 방법으로 늑대 구를 공격해서 심하게 다쳤을 때		
죽을힘을 다해 피를 흘리며 싸워 늑대 구를 구한 인물이 족제비 엄마라는 걸 알았을 때		
친구들 앞에서 처음으로 '엄마'라고 부르는 소리를 듣고 엄마가 숨을 거두었을 때		
늑대 구가 친구들 앞에서도 자신 있게 "우리 엄마는 족제비야." 라고 말할 때		

2. 늑대 '구'는 왜 자신을 데려다 정성껏 키워준 족제비 엄마를 창피하게 생각했을까요? 그때 구의 바람(want)은 무엇이었나요? [하트하트 게임 활용]

출처 : 행복한바오밥

3. 족제비 엄마는 죽음을 무릅쓰고 아들을 구하기 위해 싸웠습니다. 어떤 마음이었을까요? [하트하트 게임 활용]

4. 여러분이 늑대 '구'를 데려다 키운 족제비 엄마라면 아들이 어떻게 해주길 원했을까요?

5. 늑대 '구'와 족제비 엄마는 새로운 가족 형태를 보여줍니다. 여러분이 돌아가신 족제비 엄마라면 늑대 '구'가 어떻게 살기를 원할까요?

자기 적용하기

여러분이 늑대 '구'라면 자신을 구하려다 돌아가신 족제비 엄마께 어떤 말을 하고 싶을까요? 여러분이 '구'의 입장이 되어서 돌아가신 엄마께 편지를 써 봅시다.

엄마께

4-8 엄마를 돕고 싶어요

『엄마의 의자 (원제: A Chair for my mother)』 베라 윌리엄스 지음, 시공주니어

마음 열기

노래를 들어본 느낌이 어떤가요?

우리 어머니

이원수 시 / 백창우 작곡 / 굴렁쇠아이들 노래

언제나 일만 하는 우리 어머니
오늘은 주무셔요, 바람 없는 한 낮에
마룻바닥에

코끝에 땀이 송송
더우신가 봐
부채질 해드릴까
그러다 잠 깨실라

우리 엄만 언제나 일만 하는 엄만데
오늘 보니 참 예뻐요, 우리 엄마도
콧잔등에 잔주름
그도 예뻐요

부채질 가만가만 해드립니다

생각 넓히기

1. 주인공은 왜 엄마에게 푹신하고 아늑한 안락의자를 사주고 싶어 할까요?

2. 새 집으로 이사하던 날, 이웃 사람들이 먹을 것과 살림살이를 가져다 주었네요. 주인공의 가족들은 주변 사람들과 어떤 관계맺기를 하고 있었을까요?

3. 주인공은 엄마와 함께 일 년 동안 열심히 모은 동전으로 편안한 안락의자를 샀습니다. 등장 인물에게 주고 싶은 선물을 3가지 그려보세요.

자기 적용하기

1. 여러분은 언제 엄마를 도와드리고 싶은 생각이 드나요?

2. 여러분을 사랑으로 키워주시는 엄마, 아빠께 어떤 말을 전하고 싶은가요?

엄마께

아빠께

3. 부모님께 드리고 싶은 선물을 그리고, 그 이유를 간단히 적어 보세요.

엄마

아빠

4-9 엄마에게도 꿈이 있어요

『피아노 치는 곰』 김영진 지음, 길벗어린이

마음 열기

여러분의 엄마라면 이 시를 읽고 어떤 생각을 했을까요? 그림으로 표현해 보세요.

> **좋겠다**
>
> 백창우 시
>
> 매일
> 시 한 편씩 들려주는
> 여자사람 하나 있었으면
> 좋겠다
>
> 하루에
> 서너 시간 밖에 안 가는
> 예쁜 시계 하나 있었으면
> 좋겠다
>
> 몹시 힘들 때
> 그저 말없이 나를 안아 재워 줄
> 착한 아기 하나 있었으면
> 좋겠다
>
> 내가 바람을 노래할 때
> 그 바람 그치기를 기다려
> 차 한 잔 끓여줄
> 고운 사람
> 하나
> 있었으면
> 좋
> 겠
> 다

생각 넓히기

1. 매일 집안일을 하고 식구들의 짜증을 받아내던 미르네 엄마는 어느 날 곰으로 변합니다. 곰이 된 엄마는 지금 어떤 생각을 하고 있을까요?

2. 곰으로 변한 엄마는 매일 피아노 연습을 해서 연주회에 참여합니다. 아름다운 연주를 한 뒤 다시 사람으로 돌아온 엄마를 보며 가족들은 어떤 생각을 했을까요?

3. 여러분이 곰으로 변한 엄마라면, 남편과 아들들에게 무슨 말을 하고 싶었을까요?

자기 적용하기

1. 여러분의 엄마는 언제 곰으로 변하고 싶어 할까요? 그런 상황에서 가족들의 어떤 배려가 필요할까요?

2. 엄마의 마음이 궁금할 때 '마음의 소리를 들을 수 있는 청진기'가 있다면 한번 엄마의 가슴에 대 보세요. 어떤 이야기가 들릴 것 같은가요?

제4장 부모-자녀 관계 회복

 ## 사랑의 마음을 확인해요
『파랑 오리 (원제: Blue Duck)』 릴리아 지음, 킨더랜드

마음 열기

경증 치매 어르신들의 새로운 도전을 소개합니다. 나이가 들면 뇌기능이 저하되어 치매에 걸릴 수가 있어요. 자신의 삶과 사랑하는 가족과의 기억을 잃어버린다면 어떨까요?

※ KBS스페셜 – 〈주문을 잊은 음식점〉 (2018년 8월 16일)

생각 넓히기

1. 파란 연못에서 만난 아기 악어가 파랑 오리의 다리를 꽉 잡고 놓아주지 않을 때 오리의 마음은 어땠을까요?

2. 다음 상황에서 '악어의 기분'은 어땠을까요? 색으로 표현하고 그 이유를 말해 보세요.

상 황	색깔	이유
파란 연못에서 아무리 기다려도 엄마 악어가 보이지 않을 때		
파랑 오리가 아기 악어를 사랑으로 돌볼 때		
둘이 처음 만났던 파란 연못에 누워 낮잠을 잘 때		
파랑 오리가 치매에 걸려 기억을 못하고 어린애처럼 행동할 때		
파랑 오리 엄마를 꼭 안아주면서 자신이 지켜주겠다고 말할 때		

3. 작가 릴리아는 오리 엄마의 이름을 '파랑 오리'라고 지어줍니다. 악어에게 헤엄치는 법을 알려주고 함께 휴식을 취하던 호수와 주변 풍경을 파란 색으로 표현했어요. 이 책에서 파란색이 상징하는 것이 무엇이라고 생각하나요?

4. 아들을 알아보지 못하는 오리 엄마와 치매에 걸린 엄마를 따뜻하게 보살필 정도로 성장한 악어. 두 주인공은 어떤 생각을 하고 있을지 생각주머니를 채워 보세요.

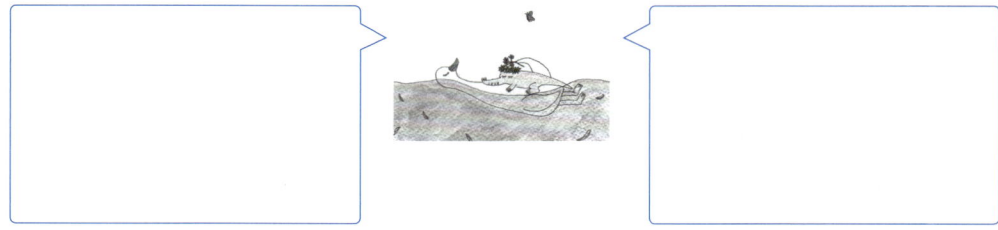

5. 파랑 오리 엄마의 입장이 되어 인생 곡선을 그려 보고 서로 의견을 나누어 봅시다

6. 악어가 파랑 오리 엄마께 상장을 준다면 어떤 이름을 붙일까요?

자기 적용하기

악어가 나이든 파랑 오리 엄마를 잘 보살피는 모습을 보니 어떤가요? 여러분은 언제 엄마께 감사한 마음이 드는지 생각해 보면서 [엄마를 위한 상장]을 만들어 보세요.

궁금해요
모모쌤의
독서테라피

제1판 1쇄	2019년 2월 25일
제1판 3쇄	2024년 7월 1일

지음	엄혜선
발행처	애드앤미디어
등록	2019년 1월 21일 제 2019-000008호
주소	서울특별시 영등포구 도영로 80, 101동 2층 205-50호
	(도림동, 대우미래사랑)
홈페이지	www.addand.kr
이메일	addandm@naver.com
교정교안	윤치영
디자인	얼앤똘비악 www.earlntolbiac.com
ISBN	979-11-966263-0-3 (13020)

『궁금해요, 모모쌤의 독서테라피』의 워크시트와 자료는 [cafe.naver.com/momocounselling]에서 제공합니다.
이 책은 저작권법에 따라 보호받는 저작물이므로 무단 전재와 무단 복제를 금하며,
이 책 내용의 전부 또는 일부를 이용하려면 저작권자와 애드앤미디어의 서면 동의를 받아야 합니다.

책값은 뒤표지에 있습니다.
잘못 만들어진 책은 구입처에서 바꿔 드립니다.

애드앤미디어는 당신의 지식에 하나를 더해 드립니다.